內心真正強大的人

《時代週刊》、《金融時報》好評推

暢銷全球的經典之作

文明素養的經典手冊
人格修練的《聖經》

SELF-HELP

Samuel Smiles

「在傳授技術資訊給年輕一代的同時，不應該忘記教育他們成為擁有高貴思想、誠實敢說真話的人……他的作品值得閱讀，可以為人們的身心健康帶來益處。」

《時代週刊》

「作為先輩，塞繆爾・斯邁爾斯幾乎說完我想說的一切。後來我們所說的，只是對他的補充。」

人際關係學大師 戴爾・卡內基

Samuel Smiles
塞繆爾・斯邁爾斯◆著
陳實◆譯

前言

塞繆爾・斯邁爾斯（一八一二—一九〇四），英國人，被包括卡內基在內的後人尊崇為成功學的導師。事實上，斯邁爾斯的首要身分並非成功學家，而是卓越的政治改革家和道德學家。就是因為這一點，他的作品具有一層更深的意義，其蘊涵的思想價值超出一般意義上的「成功學」，帶有濃重的哲學意味。

甚至可以說，斯邁爾斯首先注重的是西方近代的文明和秩序，他的成功學著作中有一部分就是討論社會的道德文明，對後世產生深遠的影響，其作品暢銷全球一百多年而不衰，成為世界各地尤其是歐美年輕人的人生教科書，甚至有人稱其作品為「文明素養的經典手冊」、「人格修練的《聖經》」。

本書是根據斯邁爾斯作品《自己拯救自己》中有關一個人在低谷時遇到的問題如何解決，以及如何才可以突破成長中的障礙，找到成就自己的方法等內容精選提煉而成，是一本斯邁爾斯給予年輕人希望和鼓勵的書。斯邁爾斯的《自己拯救自己》是在一八五九年出版的，一經上市立刻引起強烈迴響。英國、法國、德國、西班牙、丹麥、美國、日本、俄羅斯等國爭相出版，不斷重印，被公認為現代成功學的開山之作。

事實上，我們之所以編譯這本書，是想以此獻給每天都在奮鬥的年輕人，願他們無論在任何條件下都可以心懷希望，迎接美好的生活。

在這本書中，我們以「希望」、「信心」、「堅持」作為主題，並且以此作為引導全書的主要線索，講述年輕人遇到的困難和問題，以及要怎麼解決，論述年輕人在逆境的時候，應該如何轉變心態；在遇到打擊和意外的時候，如何堅持下去；處於低谷的時候，如何學習和累積知識和力量，重新振作起來。總之，年輕的我們都會有不如意的時候，都會有面對困難的時候，都有失意的時候……如何可以更好地解決這些問題，就是橫亙在每個年輕人面前的障礙，阻礙你變得更好，如果可以跨越這些障礙，就可以為自己的迷茫找到出口，為奮鬥的自己找到成功的道路。

本書不僅是多年前斯邁爾斯給年輕人的有關成功的建議，相當於一本年輕人的成長指南，可以為年輕的我們在迷茫的黑暗中找到光亮，照亮前行的道路。我們也相信，這本書可以給讀者信心和鼓勵、希望和力量，希望每個讀者都可以透過閱讀本書，達成自己的夢想。

目錄

一第二章一
人生沒有苦難挫折，無法成為強者

第三章
自我約束是進步的前奏

第四章
你的選擇，決定你的前途

一第五章一 願你不辜負自己的夢想

一第一章一

無論世界如何對你，都不要看輕自己

無論發生什麼事情，都不要看輕自己，不管是困境還是磨難，都要微笑面對。

缺少同情心，讓我們失去整個世界

同情心是對別人情感共鳴的一種情感表露。

擁有高地位和能力富餘的人，往往比普通人有更多的同情心。韋伯佛斯主教就是這樣的一個人，他的善良人盡皆知。他的朋友也經常被別人問：「為什麼韋伯佛斯主教這麼受人愛戴？」朋友的回答脫口而出：「因為他心懷仁慈。」韋伯佛斯主教經常和下層人們一起生活，他的仁慈讓他全心地為人們做出貢獻。只要是對人們、對社會有益的事情，衝在最前方的一定是他。這樣的一個人如何能不受到人們的愛戴？

對別人的關懷，讓我們感受到他們的痛苦、弱小、辛酸。諾曼・麥克勞德形容自己的個性除了同情還是同情。他透過觀察很多人的性格之後發現每個人的性格都和別人的有所不同，這種差異大多是個人的優點所在，但是人們不清楚自己有什麼優點，極力想把自己和別人不同的那一部分丟掉。一個經常受到諾曼・麥克勞德幫助的鐵匠說：「他在聊天時的行為舉止和鐵匠沒什麼兩樣，我知道他不想讓我有太多的壓力。每來一次，他必定要在某些方面給我提供幫助，不然他就一直待在那裡。」一切行動都是以人為主，你的心裡在想什麼，你要表達什麼，都可以從行為上看出來。所以，我們應該多觀察周圍人的舉動，要是他們遭遇困難，就上前幫一把。

在諾曼・麥克勞德以男爵的身分去格拉斯哥的時候，他曾經說過一段話：「不要給我們任何物質上的東西，我們要的是精神，是存在於頭腦中的思想……那些孤苦無依、貧困艱辛的人們因為需要別人的幫助，他們相較於其他人可以更容易發現別人流露出來的同情和關愛。他們知道這是一種偉大、無私的奉獻。這種奉獻精神會讓人們的注意力從溫暖的地方轉移到嚴寒的地方，並且用可以融化寒冰的溫暖語言和行動給受苦的人們帶去希望。這種精神會一直存在於人們身上。」這也是諾曼・麥克勞德在格拉斯哥的做事原則。

他還說：「我會帶領格拉斯哥的人們認識到自己的責任和義務，要他們知道人必須對自己、對別人、對社會、對國家負責。少有人會告訴他們這些，因此我的工作非常沉重，也非常重要。我是站在基督教的角度看待事情並做出這些決定，我希望格拉斯哥的人們也可以像我一樣對基督教有深刻的瞭解。」

英國的情況和諾曼・麥克勞德描述的格拉斯哥的情況差不多。倫敦是最富裕的城市，同時也是最貧困的城市。人們只知道西區的富人多如牛毛，很少有人知道倫敦的東區聚集很多流浪漢和生病、貧窮的人。偶爾會有一些人對他們表示關心，也只是給一些錢，沒有誰是真正為這些可憐的人們著想。但有一個人例外，他就是愛德華・丹尼森。他還未去世的時候，他為東區做了許多好事，在一定程度上改變那裡落後、混亂的環境。他清楚想要真正改變一個人，第一就是要改掉身上的陋習。於是，他在東區修建幾個小規模的銀行，鼓勵人們把錢存進來，而不是花在喝酒和賭博上，這樣可以減輕以後突發狀況帶來的影響。他還修建教堂、讀書室和學校，增加知識，提高思想。雖然他做出很多努力，但是對龐大的下層人群來說，這些遠遠不夠。愛德華・丹尼森失望地說：「很奇怪，就算是在如此富裕的國家裡，還是會有許多人因為食物和生活環境的原因而走向死亡。沒錯，英國在這二十年間的飛速發展我們有目共睹，但是我們在興奮之餘忘記成功之前的艱苦過程，也忽略隨之而來的危險。」愛德華・丹尼森的所作所為是給後人們的一次提醒，很遺憾他沒有看到自己的努力結出果實，希望有人能跟隨他的腳步繼續努力，以告慰他的在天之靈。

約瑟芬・邁斯特的一生困難重重，在臨死前他說：「我不作惡，因此我不知道惡人們是什麼樣的。但是我知道人生在世一定要為別人、為社會做出一點貢獻。我很敬佩無私奉獻的人們，他們為了幫助困難的人們付出許多經歷和時間，並且不求回報。再回頭看看，世界上這麼多人每天匆忙地行走，做著許多事情，可是這些事情有幾件是關係到大眾民生、社會發展？他們從來不捫心自問：『活了一世，我給這個世界留下什麼？』」

塔弗德法官在臨終一語道破英國社會最需要的是什麼，他說：「如果誰來問我怎樣才可以去掉英國人民之間的差距，我會告訴他：『只要人們心中充滿愛，懂得關心別人。』」不只是英國，現今世界中最缺少的就是愛心。沒有愛，人們之間的差異會越來越大，相同的人聚在一起，排斥和自己不一樣的人。所以有錢的和沒錢的總是無法好好相處。在一方不肯付出的時候，另一方也不會表示順從。

過去的社會規定國家的統治者一定要具備善良、樂於助人的美德，現實中總會發生一些不可預測的事情，這些事情造成的危害就需要英明果斷、善良勇敢的人來清除。但是看看現在的社會，人們都是「各人自掃門前雪，休管他人瓦上霜」的心態，如果有人上前阻止這種行為，只會被那些憤怒的人的口水淹沒。

所有的社會關係中，雇傭關係大概是最缺乏同情心的，尤其是老闆和工人之間。他們在工廠中分開居住，老闆在這一邊，工人在那一邊，相互之間沒有深入瞭解對方。要是工人請求增加收入，就要採用罷工或是遊行的方式；要是老闆不想加薪，許多工人就會因為罷工和遊行被開除。因此有人建議成立工人協會，透過組織和老闆談判，但這個方法始終不盡如人意。如果雙方談判失敗，人們的情緒變得激動之後，什麼事情都有可能發生，於是我們看到老闆的馬車和房屋被燒毀了，盛怒之下，他帶來執法隊伍，暴動結束了。雖然結束了，但是這件事情給每個人帶來的傷害無法彌補。

至於主人和傭人之間還有沒有同情心這件事情，我的看法是，在繁華都市裡的人們已經很難再有同情心存在。金錢至上是人們信奉的第一真理。我用錢買你的服務，你就應該盡心盡力做好份內之事。站在某個角度上看，傭人在家裡吃住，替我們做事，她應該是家庭的一員。但很多人不這麼認為。他們覺得傭人是自己花錢找來為自己工作的人，傭人給我們服務是為了賺取薪酬。人們把傭人安排住在和她的工作相關的地方，廚房或是雜物室，而且傭人也只對這兩個地方充滿激情。這麼看來，主人和傭人簡直就是兩個國度的人，相互之間甚至不需要語言交流。

我們曾經收到一位女士的來信，她向我們講述安妮・瑪凱的故事。安妮・瑪凱是羅伯特・狄克的女僕，她替他工作多年卻沒有一分錢的收入，並且在羅伯特・狄克去世以後，也沒有拿走他任何東西。這位女士說：「在底層勞動人民中，像安妮・瑪凱這樣正直善良的人已經不多。我希望她可以得到別人的賞識和關愛，讓她把自己的高尚精神傳揚下去。依現在社會的高速發展和變化，我很害怕後輩們對她這樣的奉獻精神變得陌生和鄙夷。每當我聽人說起或是親眼看到傭人在主人家受到委屈的時候，我特別為傭人感到難過。社會的變化不可避免會帶動我們也發生變化，如果傭人期望和主人之間的關係能得到改善，但是主人卻不以為然，這麼一來傭人就會感到不滿和憤怒。」

不知何時，人與人之間的冷漠已經司空見慣，每個人的心裡都被利己的思想填滿。我們和周圍的鄰居很陌生，也不關心他們的感受。所有事情的出發點都是為了自己，我們的心就像石頭做的一樣冰冷。從來，沒有人考慮過自己的行為是否阻礙別人的發展。想要讓我們幫助弱小群體？更是不可能的，我們只求自保。

塔弗德法官的話已經說明一切，冷漠讓我們對別人的痛苦和困難置之不理。奔跑在利益這條道路上的時候，我們的心靈已經積滿塵土，身體在欲望的操控下機械地活動，世界在我們眼中看來只剩下自己。

換句話說，我們正在失去除去自己的整個世界。

你給別人愛，別人會回報你幸福

一個高尚的心靈會排斥、厭惡一切不美好的事情。福羅薩特就很好地描述伽斯頓・佛依克的性情，稱他是一個敢愛敢恨，厭惡阿諛奉承的人。**聖奧古斯丁說：「人類一切美好的品格是我們的領頭羊，它們指導我們什麼時候該愛，什麼時候該恨。」**

神父說：「當我們在面對誘惑艱難地抉擇時，我們的內心其實非常享受這樣的感覺。在我們毫無漏洞地做完某件事時，內心會非常激動。還有面對困難時的隱忍，面對不公平時的反抗，都讓內心為之一震。」發生在人類身上的這種感覺早已被斯多葛派的人察覺到。蘇格拉底說：「讓人恐懼的事物會在愛出現之前消失殆盡，那個時候，人們就可以掌握所有。」

為別人著想，樂於幫助別人的人，總是可以得到上帝的眷顧。上帝給予的獎賞總是令人興奮、激動，這是用錢買不到的。愛是一個家庭必不可少的感情，它讓人們感受到家庭的溫暖。家庭裡的每個人都是緊密相連的，無論是夫妻、主僕，還是子女關係。不能想像，如果沒有愛，每個人的家庭會變成一個冷漠、孤獨的世界。

亞瑟・赫爾普斯生前寫過一篇文章，裡面有一段話：「我們不能只憑一個人的地位高貴、名聲和財富漸增，就認定他的人生是完美的。我們不要忽略家庭的存在，要是他在外風光無限，卻被家人厭惡，他的人生就是有缺憾的，我們沒有必要羨慕他。哪怕萬事都順心順意，他始終有一個困難沒有克服。不能融入家庭中的男人和女人，不會在社會上找到屬於自己的位置。**溫馨的家庭可以在事業上對我們有所幫助，家人的支持是我們奮鬥的動力。**愛是人們需要得到的最重要的東西。」

我們看到一幅描繪貴族家庭場景的畫，它創作於十四世紀，作者已經無從得知。這幅畫裡，長輩正在和他的朋友們閒聊，而晚輩則立在書桌旁聽候差遣。

威尼斯的上層家庭中，主人對傭人的態度永遠是仁慈、謙和的，卡丹對此十分稱讚。因為他極力希望人們可以友好地和傭人相處。他在評論維克修斯時說：「雖然他是一個勇猛的人，但對待跟隨他的人永遠是隨和的，從來不用強迫他們。儘管他被人們認為不夠威嚴，我覺得他的做法值得讚揚。」

關於家庭中是否需要同情心這個問題，我相信大家比我更清楚。西塞羅指出：「婚姻是我們人生中第一重要的事情，有婚姻就會有家庭，因此我們需要管理好自己的家庭，我們把個人事務都處理好之後，就可以心無旁騖地為國家做出貢獻。」家庭裡的父親就像是一國之君，他需要用威嚴和愛心同時來管理家庭。家庭就是一個微縮版社會，所有規章制度都在這裡起源。讓・保羅・里希特說：「孩子的生長環境應該充滿關懷和寵愛。因此女人與生俱來的母愛有施展空間。母愛是世間最單純、最偉大的情感，它不畏任何困難，不要任何回報，一心為孩子做出貢獻。但孩子對母親的愛總會產生一些抗拒和反感，即使如此，母親的愛也從未間斷。不管孩子是否感激，母親一直都源源不斷地向孩子提供愛意。母親的能力不比父親的強，但是她的愛比父親的還要多。」

父親更多的是在為家庭的生活奔波，母親則在操持家務。一個家庭裡，父親需要知道，除了嚴厲，還有仁慈可以幫助他管理家庭，母親需要懂得一些更快更好的方法來整理家庭事務。如果雙方都不清楚如何維持家庭生活，他們的婚姻也走到盡頭。亞瑟・赫爾普斯先生說：「如果一家之長沒有愛心，不關懷家庭成員，他做出的錯誤決定不會比一個偏執的人要少。」一個女人在丈夫準備離開她的時候說：「離開之前，把我送給你的東西留下。」丈夫說：「好的，我會分給你一些錢。」女人說：「我要的不是錢，我要的東西比錢更珍貴、更重要。我給你我的青春、感情、靈魂，現在請你把它們都還給我。」

美滿的生活需要兩個人共同創造，心靈相通的人最般配。對自己來說，他是助手；對他來說，我是助手。這種關係對雙方都有嚴格的要求，必須是正直、善良、充滿愛心的人，必須對家庭和孩子有足夠的責任心。雙方難免會因為繁複累贅的家務事產生衝突，這個時候就要兩人相互理解、相互關懷共同解決困難。特土良就說：「耐心才可以做好每件事情。不管我們處於何種階段，都需要它的幫助。它讓一切不美好變得美好起來。」一個來自瓦倫西亞的紳士問東・安托諾・古瓦拉如何才可以成為一個稱職的丈夫，東・安托諾・古瓦拉告訴他，一個人人稱讚的丈夫必須具有強大的包容心和忍耐力，威信雖然可以讓人屈服於你，但是他們心裡會有抗拒。你給別人寬容，別人將回報你幸福。

女人似乎天生不容易得到別人的特別關注，不管是她的社會活動還是內心活動。但是，恕我冒昧，女人的修養和天賦都包含在這兩方面中，因此我們要隨時注意。一直以來人們認為女性都是弱小的，她們沒有安全感，不會創造業績，需要別人的關懷。可是我們不能忽略一件事情，女性在嬌弱的同時也具備一種強大的能力，這種能力在平日生活勞動時按兵不動，但是我們可以隱約看出一點跡象，如果發生危險情況就迸發出來，使她們做出令人意想不到的舉動，有時候她們會擔當頂樑柱的角色。一個成功的丈夫身後必定有一個賢良的妻子幫助他。她充當丈夫的手腳，替他探路，為他擦汗，取得成功的時候鼓勵他，失敗的時候安慰他。她會做好自己的事情，盡可能保證丈夫的事業順利發展。法拉第和他的妻子感情一直很好，在他七十一歲的時候，他寫了一封信給死去的妻子：「親愛的，我十分想念你，我希望你可以坐在我的身邊陪我聊天，這樣我會感到非常安心。如果可能，你會看到我的腦裡和我的心裡都是你的身影，因此我記不住其他事情，經常來往的朋友也認不出來。我想要你可以繼續陪著我，做我心靈的導師，讓我得到安穩和幸福。」

相信人們都知道查爾斯・蘭姆的故事，他可以說是世界上最有同情心的人。在他二十一歲的時候，母親被發狂的姐姐用刀砍死，周圍的人對他的姐姐表示出非常強烈的敵意，但查爾斯認為姐姐很可憐，他決定全心全意照顧姐姐，為此他推掉婚約，餘生不再考慮個人生活。他用自己不到一百英鎊的年收入維持和姐姐的日常生活，無怨無悔地履行自己的誓言。

姐姐在精神病院療養一段時間以後就出院了，她開始寫《莎士比亞故事集》，還有其他一些書。她的精神一直在清醒和瘋癲之間轉換，但是她沒有放棄寫作，哈茲利特稱她為自己遇見的最有智慧的女性。她的弟弟查爾斯始終不離開她。如果姐姐犯病了，查爾斯就帶著姐姐去醫院治療，等她痊癒以後，查爾斯再把姐姐接回家。每次她從醫院回來的時候，查爾斯必定會熱情地歡迎和誠摯地問候。這種生活持續四十年，拋開姐姐的病情來看，他們之間從未發生任何不愉快。查爾斯說：「我愛姐姐，上帝也眷顧她。」

我們可以把危難中救助別人的行為當作是對別人的同情和關懷。雖然這個方面的事例多到人們已經不想聽的地步，但是在這裡還是要說一個有意義的事例。華生夫人經常會去沙灘上撿拾貝殼和海螺，其中好看的東西都成為她的收藏品。有一次，她照例在沙灘上尋找，突然她發現遠處的岩石上趴著一個人，她看不清那個人的長相，但那個人看起來已經精疲力竭。岩石處於海水之中，浪花一陣高過一陣沖刷岩石，華生夫人不知道那個人還可以堅持多久。但是自己顯然無法去救他。於是，她懇求幾位漁夫去救那個可憐的人，並且承諾給他們報酬。漁夫們沒有立刻答應，華生夫人苦苦哀求他們，終於讓他們同意去救人。等漁夫靠近岩石的時候，那個可憐的人正好也用盡自己的力氣。漁夫接住他，把他帶上岸，想不到的是，這個人竟然是威廉·華生先生，華生夫人的丈夫！

雖然這是一個幸運的巧合，但是誰也不能否認，這也是因為愛心而產生的幸運。

困境中的磨練，造就人的成功

一個安穩、舒適的環境，無法把所有人都培養成卓有成就的人。很多出身貧寒的人做出的貢獻不比出身富裕的人少，很難想像如果沒有這些人的努力，我們的生活還停留在什麼樣的落後環境中。

生活太過舒適會讓人的鬥志減弱，面對磨難時的勇氣也會減少，每個人都越來越懶，社會就將慢慢落後。從這個角度來看，貧困的日子反而有利於人類的進步。人們想盡辦法要把生活品質提高，每個人的鬥志都可以被激發出來。不能說安穩的生活一定不好，聰明的人會自己找到奮鬥的目標，腳踏實地走上成功的路，只有少數人自願淪為享樂生活的奴隸。**培根很欣賞人類在安穩環境中的奮鬥，他曾經說：「蘊藏在人類身體裡的力量和財富一樣，需要我們把它挖掘出來。很多人以為錢可以買到萬物、做成萬事，但是他們不知道，自己的力量也可以如此。」**所以，請珍惜上帝賜予我們的無窮力量，努力工作，勇於創新，用自己的力量獲取想要的東西，愉快地享用這些豐碩的果實。

本身就富裕的人要比由窮變富的人更能抵擋住誘惑，因為人類的本性讓我們在變得有錢之後，開始變得奢侈、貪婪，奮鬥時的激情也隨之不見，整個人變得懶散。富裕的人原本就過著這種生活，他不會因此停下自己追逐理想的腳步。富裕的人工作更專注，他們可以發揮自身優勢，在公關、交際等對外工作中取得不俗的成績。半島戰爭中，一位中尉在行軍途中驕傲地說：「我們的軍隊一年可以為國家賺得一萬五千里拉的財富。」因為在英國，貴族們如果表現出懶散的樣子，那真是為自己家族抹黑，要知道他們肩負英國的未來，國內的大小事務都由他們管理。很多貴族子弟為了國家的榮耀在外浴血奮戰，犧牲自己的生命，這一切都是他們無私奉獻精神的表現。

不要以為貴族們只會舞刀弄槍，在知識界，也有很多出身貴族的科學家。例如培根，他是現代哲學的開山鼻祖，還有瓦塞斯特、卡文迪許、塔爾伯特、波以耳、羅納茲，都是有偉大成就的科學家，羅納茲更被認為是同時期貴族中最有成就的科學家，他還是科學歷史中身分最高貴的發明家。他發明的羅納茲電報遠高於同類產品的性能，因為他對機械構造十分瞭解，有一個機械廠的廠主硬要他擔當工頭職務，廠主之前不知道羅納茲是一位貴族。

整體來說，貴族們最擅長也最適合的工作應該是與政治、文學相關的。他們和普通人一樣，必須要經過一番努力和歷練才可以取得成就。雖然有規定工作時間，但是他們經常加班，首相和議員們經常如此，帕默斯頓、迪斯雷利、德比和魯塞爾、格拉德斯多等人在工作的時候廢寢忘食，即使有十小時工作法律保護，他們照樣加班。這些人中最賣力的當屬勞勃・皮爾，他的工作全是高強度高難度的腦力活，但是他沒有因此替自己放假休息一下。他用四十年的時間從一個普通的議員變成一個領導者，期間所做的努力是常人無法想像的。他忠於職守，毅力堅強，不管遇到什麼困難都會勇敢克服。他對每件事情都抱持謹慎的態度去查證，每次發言的內容必定要反覆斟酌才會說出來。他還可以融入各個階層的群眾之間，廣泛地吸取人們的意見，讓群眾來監督自己的言行。在自身的不懈努力下，他的威信越來越高，品格更完善。

布洛罕是一位貴族，六十多年來，他一直做著慈善活動，同時也在知識領域有不俗的表現，這一切都歸功於他的勤奮和努力，人們很好奇如此忙碌的一個人為什麼總是有閒置時間來完成那麼多的工作。有一次，一個人請塞繆爾・羅米利幫忙，但是他太忙，就拒絕了，後來他接著說：「不如你去找布洛罕，他的時間總是有很多，可以用來做所有的事情。」可見布洛罕把時間規劃得相當合理，每一分鐘都拿來工作。他在六十歲的時候不像別人那樣在家休養，仍然在不停地工作學習。他修改自己的《喬治三世統治時期的科學家和文學家》的草稿，按時參與上議院的所有會議，還對之前不熟知的光線原理進行探索，並且把取得的成果公布給法國和英國的所有科學人士。他的超負荷工作讓人替他擔憂，工作量明顯超過三個年輕人的工作總和，席尼·史密斯曾經勸他要多注意休息，適當減少一些工作，可是他已經習慣於把自己放在工作環境裡，每份工作都嚴格要求自己做到最好。因此有人幽默地說，要是布洛罕是一個擦皮鞋的，他一定是全英國最能幹的擦鞋師傅。

鮑沃爾·利頓在工作中也非常努力。他是一位作家，任何文學體裁都難不倒他，每一類都有出色的作品，放眼看去，還有哪位作家能和他相比？他性格穩重、正直，有一股不服輸的精神，他的全部精力都放在創作上，至於外出旅遊或是日常生活中的玩樂，他的地位雖然可以讓他享受到這些，但是他對此不感興趣，一心只在自己的工作中。他的第一部作品是《野草與野花》，是一部詩歌集，但是沒有成功，接著是一部小說《福克蘭》，也沒有成功，但是他堅持不懈，不像一些人遇到困難後採取退縮的態度。他吸取失敗的教訓，孜孜不倦地繼續創作，閱讀大量的書籍來充實自己的知識面。終於，在《福克蘭》失敗不到一年後，《佩爾漢》完成了，這給他帶來巨大勝利。此後他的創作一部比一部精彩，最終成為一位偉大的作家。

至於迪斯雷利的慈善活動，如果沒有他的勤奮和堅持，我想很難取得今天這麼偉大的成就。最初他和鮑沃爾一樣，都是進行文學創作，他剛開始創作的《革命史詩》和《阿爾洛伊歷險記》曾經被眾人認為是荒謬至極的作品，人們的評價沒有讓他灰心，之後他創作出《康寧斯比》、《唐克列德》、《西柏》，終於取得成功。同時，他還是一位演說家，和寫作一樣，剛開始他在下議院的演講得到的是聽眾們的嘲笑，眾人一致覺得他的演講比阿德爾菲的喜劇還要搞笑。雖然心裡很不是滋味，他還是堅持把演講稿念完，並且在最後和大家說：「我相信事情剛開始都是坎坷的，久而久之就可以得心應手，我的演講已經接近尾聲，但是我堅信在不久之後你們又能看到我站在台上演講。」

結果呢？當然如他所說的那樣，他又站在台上開始演講，但是這次是在上議院，而且英國權貴們非常欣賞他的建議。

現在我們應該知道，面對困難的時候不要暗自傷心，一蹶不振，要學習這些偉人，從哪裡跌倒就從哪裡爬起來，一份努力不夠，就用兩份努力，總之要振作。把別人的批評當作自己的動力，改掉自身的壞習慣，總有一天，勝利會降臨在你的頭上。

以英雄人物為榜樣

膽小的人會在勇敢的榜樣激勵下變得精神振奮。英雄領袖們就是運用這種勇氣的力量，讓平庸的下屬變得膽氣十足。

讀讀那些史冊上勇士們振奮人心的事蹟，它們可以讓每個讀者血脈擴張。波西米亞人被傑式卡皮做的鑼鼓所鼓舞，傑式卡用自己的犧牲換來民眾的勇氣。斯坎德培，這位伊庇魯斯的王子，他是土耳其人勇氣的象徵，在他死後，土耳其人都想獲得他的骨頭而讓自己在戰場上所向披靡。道格拉斯，這位英雄帶著布魯斯的人頭踏上去往聖地的路途。在到達聖地的時候，他看到一群撒拉森人在圍殺一個騎士。這個時候，他把脖子上裝有英雄遺物的銀盒子扔向陣前，並大聲向敵人喊：「我不膽怯，來殺死我吧，這才是你們應該做的事情。」接著，他義無反顧地衝向敵群，最終力戰而亡。

英雄人物傳記裡最重要的是什麼？是它所包含的大量高尚的範例。我們透過祖先的生平事蹟而與之同行。憑藉那些流傳下來的文章，我們與他們相伴生活。我們透過他們生前留下的珍貴示範，以此為自己生活學習的榜樣。只要有寶貴的經歷，無論是誰，都可以成為後人道德的模範，其他人會學習他的事蹟，讓自己形成良好的品格。其他人會重演他們的事蹟，用不同的方式演繹他們的人生，可是高貴的品格都是一樣的。

那些道德高尚者的自傳就像一個火種，充滿智慧與活力。彌爾頓曾經說：「它是偉人留給後人的寶貴財富，這筆包含偉人精髓的財產會永恆地流傳下去。」人們會因為這些傳記而變得更高尚，具有良好的道德品格。在傳記裡，人們可以看到最高尚的榜樣。我們的人生會在這些榜樣的影響下更完美，我們一直在尋找和探索的就是這些適合心靈與頭腦的東西。

我們都知道那些沒見過陽光的植物與藤蔓有趨光性，陽光就是它們追求的東西。它們會奮力生長以迎接高處的陽光。布克斯頓和阿諾德的生平傳記會讓年輕人變得高尚起來，他們也會對自己的決心變得更有自信。人們透過閱讀這些自傳，可以知道自己該如何行動，變得更具有獨立性，可以自主把握人生。這些英雄人物的自傳讓他們可以信心百倍地追尋自己更遠大的目標。在不知不覺向自傳中的英雄人物學習的時候，年輕人也會成為書中那樣高尚的人。在看過米開朗基羅的自傳後，科雷吉歐感嘆地說：「我可以做到，我也是一位畫家。」他被書中人物激發出藏在內心深處的靈感。對於法國總理舒瓦瑟爾，塞繆爾・羅米利一直認為他偉大高尚的一生對自己影響深遠，對此他在自己的傳記中寫道：「湯瑪斯的作品，我看過，他的舒瓦瑟爾頌詞，我還是懷著無比敬仰的情感去閱讀。在那裡面，我看到一個傑出官員的高尚人生。藉此，我的理想和熱情從心裡迸發出來，在我眼前出現一條嶄新的道路，它為我打開一扇通往新榮譽的大門。」

對於早年閱讀的科頓・馬瑟的《關於做好人》這本散文集，富蘭克林給予很高的評價，這本描寫馬瑟經歷的書讓他獲益匪淺。他認為自己今天能有這樣的地位和成就都是這本書的功勞。那些好的榜樣會透過後人傳播到世界各個角落，他們有讓人傾心的力量。對於班傑明・富蘭克林，塞繆爾・德魯非常推崇，他認為自己是在其影響下成就人生。他甚至認為，他最為成功的商業習慣也是拜其所賜。一個良好的榜樣，我們無法確定他會影響誰，也不知道這影響何時開始和結束。我們要好好利用榜樣的力量。在書本和生活裡都要向好人求教。在那些好書裡發現和學習最有價值的東西，對那些優秀的榜樣理智地模仿和崇尚。**貴族達德利說：「我會把自己規範在文學中最好的作品裡。它們大多數是我熟悉的，對於這些作品，我願意與它們相處得更密切。在我看來，大多數情況下，一本舊書會比一本新書更讓人獲益。」**

無論是哪一個想要成功的人，如果有自己的榜樣，他們的成功會提早到來。

樂觀的性格，有助於你的成功

樂觀的性格可以引導一個人成功，是一個人成功的最大助力。偉大的人們具有樂觀的心態和寬闊的胸懷，他們是我們學習的榜樣。無論他們走到哪裡，這種精神都影響每個人。

帕默斯頓勳爵經歷過很多坎坷和磨難，但是他從來不畏懼。他憑著自己堅強的意志，戰勝很多困難。帕默斯頓的性格很溫和，他的心態很年輕。他不僅擁有豁達的胸懷，而且很有耐心，自制力也很強。不管遇到什麼事情，他都可以從容面對，他從來不會因此傷心難過，怨天尤人。

帕默斯頓有一顆平和的心，不管遇到什麼困難，他從來不會退縮。和他相處二十年的朋友這樣說：「他總是很樂觀，從來不會沮喪，更不會憤怒。」當年，阿富汗發生很多的災難，大臣們都忙著處理此事。這個時候，帕默斯頓的對手們趁機編造謊言、篡改公文，企圖陷害他。發生這麼大的事情，帕默斯頓仍然面帶微笑，沒有一絲難過和憂傷。

很多成功人士都具備樂觀性格和豁達胸懷，他們從來不會與別人爭奪名利。他們善於發現生活中的快樂，幸福地享受生活。由於他們擁有豁達、樂觀的性格，所以他們非常健康，待人溫和，他們的生活中充滿快樂。這樣的人很多，例如：莎士比亞、塞凡提斯、維吉爾、賀拉斯、莫雷拉、荷馬……除此之外，還有很多心地善良、為人正直的成功人士：米開朗基羅、達文西、馬丁・路德、拉斐爾、培根、摩爾……他們不管做什麼事情總是精力充沛，並且享受工作中的快樂。

彌爾頓也是一位樂觀、直率的人。在通往成功的道路上，他經歷更多艱難險阻，然而他總是以樂觀的心態來應對。在一次事故中，他的雙目失明了。就在這個時候，他的朋友不僅沒有幫助他、安慰他，反而離開他。我們可以理解，突然失明是一件非常痛苦、恐懼的事情。可是彌爾頓沒有因此墮落，他精神抖擻，對未來充滿希望。

亨利・菲爾丁過著貧窮的生活，他的身體不好，經常生病，因此欠了許多錢。瑪麗・沃特利・蒙塔古夫人這樣評價他：「菲爾丁非常樂觀，他雖然窮，但是生活得很快樂。」

詹森博士也是一位樂觀向上的人。他的一生經歷很多磨難，但是他從來不會向困難低頭。他享受生活帶給他的快樂。有一位牧師覺得自己的生活枯燥無味，他抱怨：「我們除了和小奶牛打交道，其他一點生活樂趣也沒有。」斯拉雷夫人的母親曾經這樣評價過詹森博士：「他是一個非常樂觀的人，不管發生什麼事情，他都可以從容面對。所以如果讓他和這些小奶牛待在一起，他同樣會生活得很快樂。」

詹森認為，一個人長大以後，就會變得非常溫和，處事理智。賈斯特菲爾德勳爵是一個對現實社會不滿的人，他經常抱怨生活無趣。他反對詹森的觀點，他認為：「現實是殘酷的，一個人不會隨著年齡增長而變得溫和，反而會變得越來越冷漠。」人的生活態度不同，就會從不同的角度看待問題，例如：一個人的性格不一樣，對事情的看法就不同。如果一個人心地善良，並且可以自我反省，從失敗中吸取教訓，這個人就會變得越來越強大。那些聽不進別人的建議，脾氣暴躁的人，將會越來越弱小。

華特・史考特先生是一位非常善良的人，因此得到大家的尊重。華特從來不會看不起地位卑賤的人，不管是誰和他交往，都會感受到他的友愛。所以就連那些盲人、聾啞人都喜歡和他交談。

華特曾經把發生在自己身上的一件事情講給霍爾上尉聽：「一天在街上，有一隻小狗搖著尾巴向我撲過來，我順手從地上撿一塊石頭向牠扔過去，結果牠的一條腿被打中，並且折了。可是牠沒有立刻逃跑，而是拖著那條腿艱難地爬到我跟前，可憐巴巴地舔著我的腳，我當時很心痛。我永遠不會忘記這件事情，每次想起來，我的心就會隱隱作痛。」從這個故事中，我們可以看出華特善良、仁慈的心。

史考特經常說「朗聲大笑吧」，史考特的笑總是發自內心的。他無論和誰交往，都是和顏悅色，赤誠相待。他豪爽的笑聲，讓周圍的人也受到感染，人們本來對他充滿拘謹和敬畏，但在他的朗朗笑聲中，這一切都煙消雲散了。華盛頓・歐文的梅爾羅斯修道院廢墟管理員說：「他會來這裡的！有時候，他和很多人一起來，離得很遠就可以聽到他在叫『傑里，選傑里・鮑威』。看到他的時候，他總是在說笑。他平易近人，和我們聊天，說笑話，就和老朋友一樣。讓人不敢相信眼前這位隨和的史考特就是大名鼎鼎的歷史學家。」

阿諾德博士也是一位同情心很強的人，並且待人真誠、和善。賴爾曼教區的人說：「阿諾德博士非常友善，當時他走向我們，親切地和我們握手。」還有一位老婦人也說：「阿諾德博士對我太好了，他竟來我家和我聊天，我感到非常榮幸。」

席尼・史密斯先生同樣有一顆樂觀的心，他非常熱愛生活。在他看來，黎明的力量非常強大，沒有任何東西可以阻擋它的到來。同樣，烏雲也無法遮掩強大的陽光。他非常善良，也很有愛心。他對工作認真負責。他曾經擔任過牧師和牧區的教區長，在那裡，他受到很高的評價。他的一言一行都值得大家學習。他待人真誠，並且有一顆寬容的心。在人們心中，他就是一位高尚的紳士。

席尼・史密斯先生只要有時間，就會寫一些很有意義的文章，這些文章裡涵蓋正義、自由、信仰、教育等很多方面。他敢於寫一些激勵大家的文章，他的文章簡單易懂，並且非常幽默。他樂觀向上、心胸開闊、精力充沛，所以他創作出很多好作品。史密斯先生到了老年時，身體很虛弱。他在給朋友的一封信中，這樣寫道：「雖然我現在病得很重，但是我沒有覺得很痛苦，生活是美好的。」

那些偉大的科學家都具有相似的性格，例如：他們很有耐心，非常勤勞，並且樂觀豁達。拉普拉斯、牛頓、伽利略和笛卡爾，他們就是很好的例子。

歐勒也包括在其中，他不僅是一位偉大的數學家，還是一位偉大的自然哲學家。歐勒年老的時候，什麼都看不見，但是他仍然笑對生活。他憑藉記憶畫出令人稱讚的機械設計圖。他每天仍然堅持寫作。他很享受家庭帶給他的快樂。空閒的時候，他很喜歡和孫子待在一起。

魯賓遜教授晚年的時候病魔纏身，無奈之下他就先放下工作，和孫子一起玩。他曾經寫過一封信給詹姆斯・瓦特，信中說：「我現在才意識到，孩子就是快樂的源泉，他們是那麼單純，那麼可愛。

看著孩子們一天天長大，我心裡非常高興。孩子們說的每句幼稚的話，每個調皮的動作，都使我心情舒暢。我真的感謝法國理論家們，在他們的指引下，我才去認真觀察孩子。他們的每個動作都有一定的含義，但是很遺憾我的時間不多了，否則我會深入研究孩子們的成長過程。」

或許，想要成功就要像孩子們一樣純粹，用一顆純真的心去發現，去做，沉浸在裡面，你就可以得到更大的樂趣，同時獲得成功。

第二章

人生沒有苦難挫折，無法成為強者

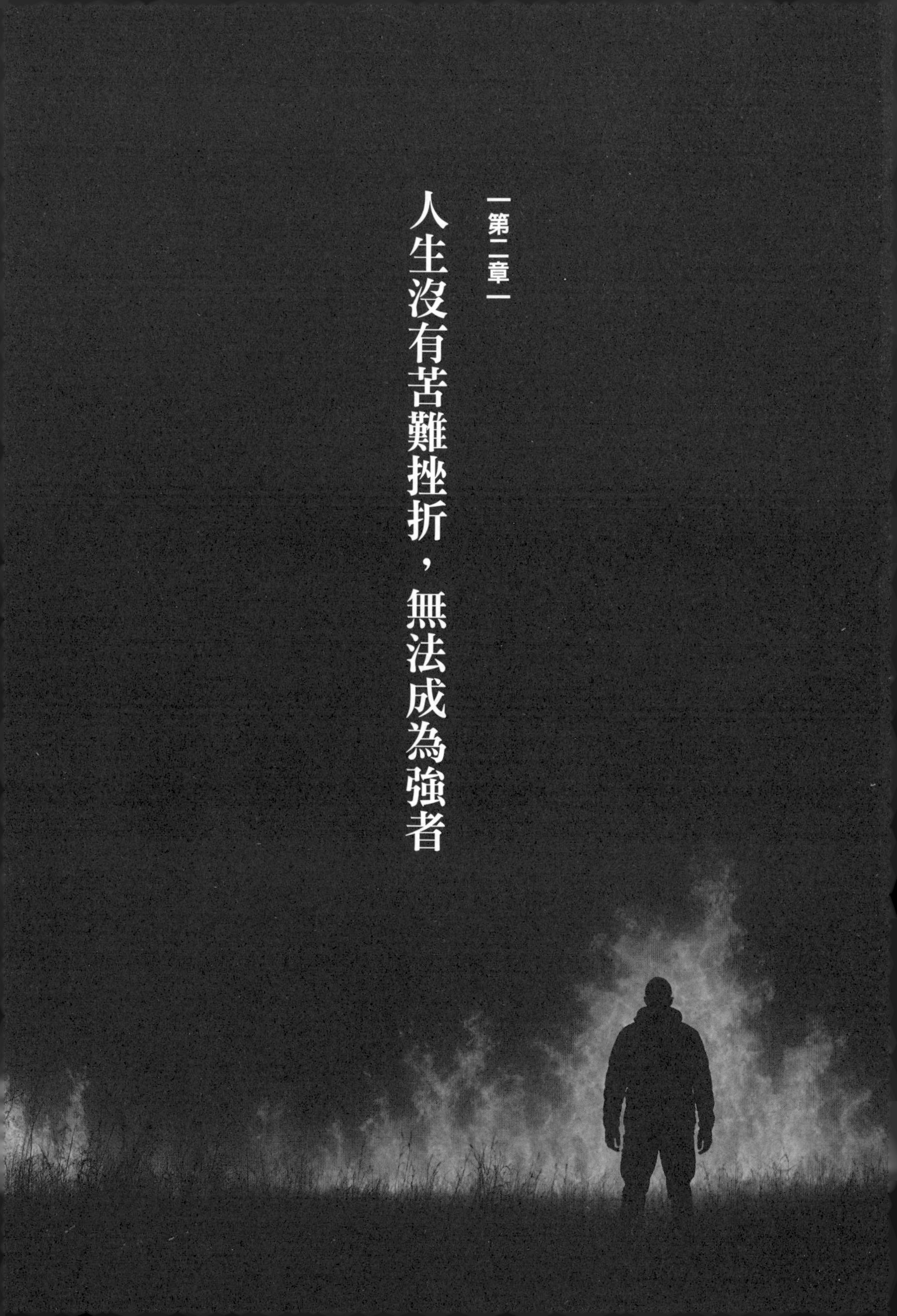

巴爾扎克說：「世界上的事情永遠不是絕對的，結果因人而異，苦難對於天才是一塊墊腳石，對於能幹的人是一筆財富，對於弱者是一個萬丈深淵。」

不畏困難，勇往直前

困難從來不會打敗一個人，只有放棄才會打敗一個人。所以，如果想要做成什麼事情，就要不畏困難，勇往直前。

哈維工作起來一絲不苟，並且從來不知道累。他研究血液循環長達八年，做過無數次實驗，最後證實自己的猜想。可是他仍然不放心，又繼續實驗、調查、研究。這個論證確實成熟了，他才把這個觀點公布出來。關於血液循環，他還編著一本小冊子，拿到出版社出版。這本小冊子詳細地記錄他的論證，明確地闡述他的觀點。可是有些人仍然不相信他，嘲笑他，說他這些都是謬論，是他胡編亂造出來的。他根本不把這些放在心上，仍然相信自己辛苦論證出來的觀點，可是後來卻得到人們的臭罵。在人們心中，他論證這個觀點的目的就是破壞《聖經》的威嚴。他已經破壞宗教基礎，這是一種不道德的行為，他受到人們的譴責。因此他的朋友們故意躲著他，不和他往來。他的學生無法承受這麼大的壓力，離他而去。就這樣，他繼續承受大家的辱罵。長時間以來，那些有思想的人們不再罵他，而是開始思考他的觀點。後來他的結論得到大家的認可，並且在人們心中生根發芽。又過了二十五年，他的論證被公認為是一種科學真理，同時他也得到人們的佩服和景仰。

比起詹納，哈維遇到的那些困難不算什麼。詹納研製出防禦天花的疫苗，經過多次論證後公布出來。在他還沒有研製出這種疫苗時，格洛斯特郡的擠奶女工說，只要人們種牛痘就不會被傳染上天花，她們的話傳到很多人的耳朵裡。可是人們只是聽聽，從來不當一回事，更不會有人去證明這種方法的可行性。這種方法一直流傳人間，直到這種說法傳到詹納的耳朵裡。他當時還在索德伯里上學，非常年輕。一次偶然的機會，他聽到一個農村女孩和老師的對話：「老師，你知道嗎，得過牛痘的人就不會被感染天花。我已經得過牛痘了。」他準備證實這件事情，於是就開始調查此事。他的朋友知道這件事情以後，根本不理解他，並且嘲笑他的做法。後來甚至強迫他停下這項工作，否則他們就會聯合起來告訴院長，說詹納經常騷擾他們，那樣院長就會把他開除。

後來，詹納去倫敦學習，他的老師是約翰・亨特先生。他把自己的想法告訴亨特，亨特不僅沒有反對他，反而鼓勵他：「你現在只是在想，這樣會讓你停滯不前。你一定要把自己的想法付諸行動，並且要有耐心，不厭其煩地實驗。」聽完老師這番話，他又重拾信心，堅定地研究這件事情。為了可以確切地進行實驗，他義無反顧地回到農村。二十年如一日，他認真地觀察、研究，進行無數次的實驗，終於有些眉目。他又信心十足地繼續努力工作，他曾經在自己兒子的身上試驗三次，最終取得成功。他把這麼多年的實驗記錄在紙張上，共有七十多張，並且每張紙都是四開的。他把自己的研究成果公布於世，還有他的記錄。記錄裡包含二十三個人接種的例子，他們接種後就沒得過天花。他開始研究接種的時候是一七七五年，可是直到一七九八年他才出版自己的論文，並且得到醫學界的認可。這是他長年艱辛工作的結果。

詹納的研究成果公布以後，人們只是一看了之，沒有放在心上。可是過了一段時間以後，人們很反對這種做法。為了得到人們的相信和認可，他首先要得到醫學界的認可。詹納來到倫敦，在醫學界公布自己的研究，並且向他們介紹實驗的整個過程和接種後達到的效果。雖然有些醫學人士覺得他的研究很有道理，可是卻沒有一個人願意接受接種。最終他的研究也沒有得到醫學界的認可。三個月後，他回來了。醫學界不認可的東西，人們更不會接受。他們認為，把奶牛乳房中的病毒注入人體，這種做法很荒謬，並且認為這樣做，人就會像牛那樣凶猛。詹納受到人們的嘲笑和唾棄，並且接種也被他們說成邪惡、缺德的做法。後來，被人們說得更誇張，如果誰家的孩子接種，就會長牛角、牛鼻子，還會長砂眼，並且孩子只會像牛一樣叫，不會說話。詹納沒有被這些可怕的說法擊倒，而是繼續堅持自己的做法。後來，有些村民接受接種，其他村民知道後就會圍攻他們，所以他們接種後根本不敢出門。

在詹納飽受屈辱的時候，有兩位貴人幫了他的大忙。德茜夫人和伯克利女伯爵打破世俗的偏見，給他們的孩子們接種。這樣一來，接受接種的人越來越多，並且接種也在醫學界得到廣泛的應用。但是後來有人想盜取他的研究成果，但是沒有得逞。詹納成功了，人們不再反對接種。人們看到接種的成效以後，紛紛讚揚詹納。但是他沒有由此變得驕傲，而是更謙虛。後來，他收到倫敦醫學界的邀請函，想要讓他過去，每年給他一萬英鎊。他在回覆中這樣寫道：「我現在歲數大了，不會為了名利而奮鬥，所以我不會去的。但是在我年輕的時候，你們卻不給我機會。我當時經歷艱難坎坷，只希望能得到人們的信任，可是卻沒有。我耗費一生的時間才獲取人們的認可。」詹納用自己的一生證明接種的可行性。目前這種預防天花的技術已經被各個文明國家引進。

居維葉曾經說：「在那個時代，只有他敢於挑戰自己。在整個過程中，他經歷無數次艱難坎坷，他站在學術界的大門外苦苦地等待，在他第二十次敲擊大門的時候，大門終於為他敞開了，他的成就永遠刻在人們心中。」

不得不說，那些偉大的成就是無數個勇往直前的人，不甘放棄而得來的。

經歷風雨，才可以看見彩虹

每個想要脫離逆境的人，都要掙脫禁錮自身的枷鎖，這需要付出努力和額外的辛苦。

在逆境面前，我們的本能會提醒我們退卻，可是我們不能逃避，必須拿出勇氣去面對。**彭斯滿懷真情地說：「你可以從那些慘痛的損失和教訓中獲得智慧。事實上，這是你獲得智慧的唯一方法。」**

苦澀之中才會產生甜蜜，我們的潛能和力量在逆境中得以彰顯。要是真具有內在的價值，其在外力的磨練下就會散發出耀眼的光芒。「通往天堂的台階是由挫折組成的。」一句流傳很久的諺語這樣說。里奇說：「什麼是貧困？對於貧困，人們何必給予過多的抱怨？我認為，貧窮是少女在耳朵上穿洞的陣痛，在耳朵上的傷痊癒以後，就可以掛上美麗的寶石。」生活中的經驗告訴我們，逆境之中，人不僅能把個性磨練得更堅強，還可以學會保護自我。

在貧困面前，許多人可以表現出樂觀的精神和與困難作戰的勇氣，可是面對後來的富裕生活，有些人反而會被慢慢地腐蝕。寬厚的本性確實可以在富足的生活中得到培養，可是財富只可以做到這一點，對於其他性格的塑造，它就無能為力。那些原本小氣而且諂媚的人，在富裕以後依然會吝嗇，可是他們諂媚的一面會消失，變得自高自大。

人會在財富的作用下變得冷漠和驕傲。堅毅的人會在貧窮中變得無所畏懼。埃德蒙・伯克說：「困境身兼數職，它是嚴厲的老師，是嚴格的父親，也是慈愛的母親。對於我們的瞭解，困境比我們自己更清楚。同樣，對於我們的愛護，它也比我們自己還要給得多。我們的力量和技巧，都是在我們摔跤對手身上得到提高的，所以我們最大的幫助者，就是我們的敵人。」人類的生活會因為缺少逆境而變得更簡單，可是這樣，人類的價值也就大打折扣。不停地在困難中抗爭，不僅讓人的個性得到鍛鍊，也教會人如何自立。所以，我們的行為可以在逆境中，以一種潛移默化的方式得以規範。

在被人用卑鄙的手段從印度軍隊指揮官的位置排擠下來時，年少氣盛而且驍勇善戰的霍德森感到十分委屈，為此而不平，認為自己遭受不公平的待遇，是惡意言論的犧牲品。可是他沒有就此認輸，他很堅強地對一位朋友說出自己的心聲：「哪怕面對最糟的情況，我也不會害怕，我會像與戰場上的敵人戰鬥一樣，盡全力地去抗爭。對於我的職責，我會盡到責任，這是我必須去做的。我認為，即使任務非常討厭，只要我出色完成任務，也會獲得回報。可是就算沒有回報，我也必須盡到我的義務和責任。」

逆境可能顯得過於嚴格，可是最終你會發現它是一位好老師。

奮鬥下去，得到信心和能力

人生，就是一部奮鬥史，這是對生活最好的詮釋。

在大多數時候，奮鬥都是與艱辛為伴。要是目標顯得唾手可得，就像進行一場沒有榮譽的戰鬥，讓人興致全無。可以說日後的輝煌成就是經過逆境的磨礪得來的。成就是在為目標而奮鬥後才得以獲取的。只有怯懦的人才會在困境面前退縮，在堅強和勇敢的強者看來，這只是他們前進的推動力。所有的生活經驗都告訴我們：「只要滿懷熱情，絕不後退，抱有破除萬難的決心，就可以勇敢地面對不幸，越過那些擋在前進路上的障礙。」

逆境對個人和國家來說，都是一所培養道德品格的最優秀的學校。苦難的歷史客觀地說，就是一部人類取得成功的歷史和人類如何獲得成就的歷史。對於那些被寒冷所包裹的北方國家，他們應該對自己所處惡劣環境與貧瘠土地報以感激，因為這是他們存活的基本保障。這些國家的人的生活是那些氣候溫暖的國家無法想像的，他們在與逆境進行堅持不懈的抗爭。所以這些苦寒之地也有許多特別的物產，那些養殖技術，還有工藝流程都是很獨特的。

困難艱辛遍布在各地，各地也都有人類的生息。在困境中，人類的能力與技巧得到提高。人類面對困境，會更堅定地朝向未來努力前行，就像在平常鍛鍊裡進行高強度訓練的運動員，到了真正的比賽，可以表現得遊刃有餘。在成功的道路上，阻礙重重，可是你越過障礙，就可以證明你的能力。在經驗中，我們可以容易地做出判斷，就像經過捶打的蕁麻會變得柔軟一樣，對於困難，只要找對方法，就可以輕易地化解。**樹立目標，並且堅信可以成功，這是我們的經驗告訴我們達到目的最有效的方法**。

沒有嘗試也就沒有成功。有許多成功，都是在嘗試之後獲得的。在嘗試之前，誰都無法瞭解自己可以做些什麼，可是盡力嘗試的行為，都是大多數人萬不得已情況下的行動。那些意志消沉的年輕人嘆息地說：「要是我這樣做了……要是我那樣做了……」他不明白，只在假設中幻想，而不去嘗試，是無法有所收穫的。一千次的熱切希望也不如一次嘗試有效。那些毫無作用的假設，阻礙更進一步的確定，讓人們的嘗試行為受到束縛。林德赫斯特勳爵曾經說：「解決困難是必須去做的事情。」對待問題，最好還是及時解決。那些有利的條件和環境，都是在嘗試之後得來的，力量和堅毅也是透過不斷努力得來的。這樣，你會獲得更完善的性格和更聰明的頭腦，與那些沒有和你有相似經歷的人相比，他們都不如你高雅，也沒有你身上強大的勇氣和對自由的欲望。

我們會在克服困難的過程中學到知識，解決前面的困難往往讓以後的困難變得容易解決。我們在接受教育的時候，有些初次接觸的東西，可能在當時覺得沒有用，例如：學習無人再用的死語言、對數學中的線面關係進行研究，可是這些教育不是無用的，它們都有很高的實用價值。透過對這些看似無用的知識的學習，人會變得更努力，也可以讓人獲得在實際運用中的使用能力。

如果不這樣做，人的上進心和實際運用能力就會處於沉睡之中，無法發揮出來，找不到展示的舞台。聯繫在所有事情中都存在，要讓它們被各自的聯繫所串聯起來。人的一生都包裹在工作中。只要生命不息，逆境就會永遠與你相伴，你將不停地接受困境的磨練。一味地氣餒對於克服苦難來說，是毫無幫助的。有一位學生，他對達朗貝爾抱怨：「掌握數學的基本知識，真是太難了！」**達朗貝爾用一句話給予回答，這也是一句箴言：「年輕人，不要放棄，繼續奮鬥下去。信心和能力，你都將會得到。」**

在經歷無數次失敗和嘗試之後，芭蕾舞演員才呈現出優美的舞姿，提琴手才演奏出悅耳的曲子。面對別人對自己演奏的音樂予以優雅的讚揚，卡利斯密感嘆地說：「唉！你們又如何知道，我是花費多大的心血才可以做到這優雅的演奏！」別人問約書亞・雷諾茲：「你的作品需要用多少時間完成？」他回答：「我的一生都會獻給它。」亨利・克萊可以成為美國著名的演說家，也是由於他從二十七歲就開始不停練習的結果。每天，他都花時間讀書，對於一些歷史小說和科學書籍，他還進行口頭敘述評論。他經常即興發表演講，有時候在玉米地，有時候在樹林，還有幾次在離家很遠的穀倉裡，牛和馬都是他的聽眾。他早年的這些演講練習，是他後來成功的基礎。他依靠這種練習的鞭策和鼓勵，活力滿滿地邁向成功。

在年輕的時候，愛爾蘭的傑出演說家卡蘭有發音上的缺陷，而且還很嚴重，為此他在學校飽受嘲弄，大家都叫他「結巴傑克・卡蘭」。在研讀法律課程時，他依舊結巴，可是他在想盡辦法改掉這個缺陷。在學校辯論協會，有一個成員諷刺他是「演說家之母」。事情是這樣的：如同科伯一樣，在一次集會場合，卡蘭站起來發言，可是因為結巴，他一句話也說不出來，全場為此都笑開了。卡蘭因為這個外號而深感恥辱。於是，他刻苦練習，慢慢地，說話變得流利了，最終他以一次成功的演講，給那個替他起外號的成員有力的一擊。卡蘭因為自己可以流利說話而備受鼓舞，他的面貌也為之煥然一新，在學習中，他投入比以前更多的精力。他挑出文學名著裡的優美章節，用以朗誦，為此糾正自己的發音，他讓自己的朗誦變得更有節奏、更清晰明瞭。

每天，卡蘭會用幾個小時來練習發音。他一邊讀，一邊用鏡子觀察自己的樣子，對於自己看起來有點笨的外形，他還設計一套肢體語言。他設計一些案例，以此作為練習的範本，在練習時，他做得很認真，就像是真的在面對陪審團演講一樣。在職業生涯裡，卡蘭最初就是憑藉他在演講上的優勢獲得成功。艾爾頓勳爵說：「卡蘭當時還不出名，他的事業之所以取得成功，就是因為這種優勢。」

進入律師這個行業以後，卡蘭也會在某些時候缺乏信心，可是他對工作一直盡職盡責。有一次在法庭上，卡蘭被羅賓遜法官的一句話激怒了，他毫不留情地給予反擊。在庭審時，卡蘭說：「閣下制定的法律從來不曾出現在我自己的圖書館裡。」對於這句話，法官給予傲慢的回應：「先生，我想，那是因為你的圖書館不夠大吧！」這位卡蘭尊稱的閣下，就是當時一個名聲敗壞的政黨領袖，他這個人脾氣暴躁，寫過一些不出名的小冊子，裡面都是關於教條主義和暴力的鎮壓。對於法官對自己經濟上困頓的嘲笑和諷刺，卡蘭非常生氣，他凜然反駁：「法官大人，我確實很窮，這也讓我的藏書數量受到限制。可是，我的書雖然算不上多，但都是我精選而來的，這些書，我也花費心思去研讀。在加入律師這個高尚的行業前後，對於幾部法律巨著，我都刻苦鑽研過。在我看來，這樣比在書架上隨便擺些書要好多了。對於貧窮，我個人不覺得是恥辱，我反倒覺得，那些靠諂媚權貴和貪汙獲得的財富才是可恥的。我這樣可能難以被提拔，可是我至少還留存自己誠實的品格。在我看來，金錢是無法買到誠實的。歷史上有許多事例可以告訴我，放棄原則的後果，我可能會獲得一時的榮耀與利益，可是終究將會被世人所輕蔑，變得名聲敗壞。」

無論是為了生活還是為了信念，只要你堅持奮鬥下去，你的信心和能力將得到提高，也將會獲得支撐你贏到最後的力量。

他們曾經為真理而前仆後繼

有時候，人們會在追尋科學真理的路途上付出生命的代價。這些殉道者為了開闢光明的大道，經歷痛苦和困難的折磨。這其中的例子就有布魯諾和伽利略，他們的觀點被誣衊成異端邪說，兩人也由此付出生命的代價。他們這樣的例子還有很多，他們都很聰明，可是這沒有幫他們逃脫敵人的憤怒。

法國有一個著名的天文學家，名字叫做貝利，曾經出任巴黎市長一職。在第一次法國大革命中，他與偉大的化學家拉瓦錫一起被送上斷頭台。在國民議會下達死刑判決後，拉瓦錫為了驗證自己在監獄裡的實驗結果，請求延緩幾天執行，可是法院駁回他的請求，要求立刻執行。一個法官還大放厥詞，說學者是共和國不需要的東西。這樣的悲劇不是特例，現代化學之父普利斯特里博士，他在英國的房屋和圖書館被毀壞了，最後只能在「不要學者」的呼喊裡，逃離自己的國家，最終到死也沒回到故土。

在迫害、困境、苦難中，往往會產生出最偉大的發現。新大陸，這是世界的寶貴財富，可是那些因此獲利的人卻在不斷迫害和誣衊它的發現者——哥倫布。尼日河是蒙戈・帕克發現的，可是這位發現者還沒有描述出這條河，就被河水永遠地吞噬了。在解決長期困擾人們的西北通道難題以後，富蘭克林不幸在冰海之中喪生了。世人對這一切，都會感到傷心和悲痛。

海洋探險家福林達斯在法國一個小島被羈押六年，一生經歷許多困難。在一八〇一年，他從英國乘坐「探索號」出航，他此行的目的是發現新航路，還有考察各地情況。為此，他從英國政府那裡獲得一本法國護照。那個時候，英法正在進行戰爭，英國政府藉此想要法國人為了科學事業，對這位探險家給予幫助和保護。

在這次航海的過程中，他對澳洲的大多數地區進行考察，其中包括塔斯馬尼亞州，以及它附近的島嶼。可是在考察的途中，人們發現考察船開始漏水，而且船身太過腐朽，已經無法再進行航海。這位探險家只能無奈地，以旅客的身分乘上「海豚號」輪船回國了，他把三年的辛勤成果，都毫無保留地交給海軍部。在回國的途中，海豚號不幸在南部海域觸礁，在船沉沒前，福林達斯與海員坐上一艘小木船，最終安全地踏上英國的國土。

在那裡，他們找到一艘比「格雷威遜德」帆船更小的雙桅縱帆船，這艘船叫做「坎伯蘭」。在這之後，他們又回到事故地點，在那裡營救其他被困船員。在返回英國的途中，小帆船的一塊木板壞了，在不得已的情況下，他們停靠在一個隸屬法國的小島上。可是讓他們吃驚的事情發生了，他們都成為監獄裡的囚犯，他們的法國護照沒有用，他們遭到蠻橫的對待。

在監獄生活中，福林達斯遇到一件可怕的事情，他在那裡認識法國同行布豐。這位狡詐的探險家竊取福林達斯的勞動成果，他即將去往歐洲，在那裡向世界公布這個英國探險家的發現。事情正如福林達斯預料的那樣，他的這些新發現，在他滯留於小島的這段時間裡，已經在法國的地圖集裡發表，可是他和前輩們為各處所命的名字，卻全都被人篡改了。在經歷六年牢獄之災的折磨後，福林達斯終於重獲自由。這個時候，他的身體已經被監獄的惡劣條件給毀了，但是他仍然堅持對地圖進行修改，並且還標注新的說明文字。就在他著作發表的那天，他卻永遠地離開人世。

那些把自己孤立起來的人，都是有勇氣的人，他們靠此激勵自己前行，使自己得以完成重要的工作。有些人與自己心靈相通時，都是在精力很集中的孤立狀態。可是個人的性情、他所受的訓練和其品格，才是人們在孤立狀態下取得成功的重要因素。在孤立的狀態下，那些具有寬廣胸懷的人會讓心靈變得更純淨，可那些心胸狹窄的人會因此變得更冷酷無情。孤立狀態會給小心眼的人帶來巨大的精神折磨，但是它也可以成為崇高精神的庇護者。

在監獄裡，波愛修斯寫完《哲學的慰藉》。那本《聖經》批判方面的優秀著作《評聖徒馬太》，也是格勞秀斯在獄中完成的。在葡萄牙修道院的單人牢房裡，布坎南寫出打動人心的《讚美詩片段》。那位極具愛國心的義大利修道士康帕內拉，因為莫須有的叛逆罪，在那不勒斯的地牢裡待了二十七年。在那個見不到陽光的監牢裡，他獲得更高層次的光明，他那本廣為人知的《太陽城》，就是在這裡完成的。

在被囚禁的歲月裡，約翰・班揚寫了《天路歷程》。他的激情，只可以藉助冥思苦想得以發洩。他的寫作生涯也因為他的重獲自由而結束。他在監獄裡，還寫了《豐盛的恩典》與《聖戰》兩本書。在貝德福郡監獄，班揚度過十二年的歲月，這段時間內，他只有幾次與人會面的自由時光。麥考萊聲稱他創作出最好的寓言故事，他的成功可能與其在監獄的漫長歲月有很大的關係。

在班揚所處的那個時代，對於那些持反對意見的人，任何一個黨派都會採用把這些人送進監獄的方法。在查理二世時期，班揚就是這樣被關進監獄的。在查理一世時期，有更多的優秀人才被囚禁於監獄之中。其中有約翰・艾略特勳爵、漢普登、普林等人。在倫敦塔中，伊里亞德被嚴密監視，可是他依舊寫完《人類的君主政體》這部巨作。詩人喬治・威瑟爾被關進馬夏爾西監獄，他的名作《對國王的諷刺》，就是在那裡完成的。

共和政體時期，也關押過一些囚徒。在考斯城堡，囚禁忠誠的威廉・達文南特勳爵，他被民眾廣為熟知的詩篇《貢迪伯特》，就是在獄中完成的。傳言他的命是豪邁的彌爾頓保全的。在達文南特活著的時候，他也幫助彌爾頓躲過生命的劫難。

查理二世把許多傑出人士關進監獄，這其中有威瑟爾、班揚和巴克斯特，還有《大洋國》的作者詹姆斯・哈林頓。在獄中，這些人都創作出自己的作品。《生活與時代》的部分手稿，就是巴克斯特在高等法院的監獄裡書寫的。在被囚禁於倫敦塔時，威廉・佩恩寫下《沒有荊棘，就沒有王冠》這本書。在女王安妮統治時期，馬修・普瑞爾在兩年的牢獄生涯裡，創作《阿爾瑪》。

在這之後，在英國，政治犯裡的傑出人物慢慢地減少。這個時候，最著名的有笛福，他被戴上枷鎖，在公眾場合予以示眾。在獄中，他寫了《魯賓遜漂流記》和《枷刑頌》兩部作品。他還創辦《法國時事評論》雜誌，給一大批雜誌的出現開闢道路，這之後相繼出現《閒談者》、《嚮導》、《探索》等雜誌。

背負誹謗的罪名，斯摩萊特被關押在監獄中。《蘭斯洛特・格列威斯勳爵》這本書，就是他在牢獄生涯中創作的。在英國監獄中，最近出現的作家有詹姆斯・蒙哥馬利，他的第一本詩集就是在囚禁於約克城堡的日子裡完成的。還有一位叫湯瑪斯・庫伯，他是一位立憲主義者，《自殺者的煉獄》這本書，就是他在斯塔福德監獄裡完成的。

在義大利的監獄裡，最近出現的最優秀作家是西爾維奧·佩里科。在奧地利監獄，他度過十年的艱苦歲月，在那裡他寫出趣味十足的《我的獄中生活》，他深刻的洞察力，在此書中可以發現。卡欽斯基，這位匈牙利文學的復興者，在地牢的七年時光裡，他翻譯勞倫斯·斯特恩的《多情客遊記》，還寫出《獄中日記》這本傑作。

我們提到的都是一些被法律制裁的人，表面上看，這些人都是失敗者，可是他們不是真正被打敗。在一般人看來，他們都是徹頭徹尾的失敗者，可是他們的人生，卻勝過那些平凡的人，在人類的歷史長河中，他們的影響顯得尤為深遠。是否立刻能取得成功，這不是批判人們品格的標準。只要是殉道者的犧牲能帶來光彩奪目的價值，他遭受的苦難就是值得的，他也就會獲得真正的成功。

《卡利斯伯爵關於教宗的演講》一書這樣寫道：「塵世中的失敗者才會到達天堂。這個意思就是：表面上的失敗，不一定是真正的失敗。勝利步伐的加快，是以前輩的犧牲為代價。那些偉大的人物，站在歷史的前沿，為了讓後人走上嶄新的道路，他們勇於犧牲。**正義的事業都要經歷艱苦的磨難，對於那些曾經的失敗者，我們絕對不能忘卻。**」

那些優秀人物的生活，可以成為人們的榜樣，後人們同樣可以以偉大的犧牲者為榜樣。在活著的人們的行動中，偉大的舉動會繼續得以成長和存在，它是永存的，在後人的心中，它會被珍藏起來。偉人們的事蹟真正開始流傳的時刻，是在其生命結束的時候。

那些為了宗教和科學事業，追求真理，為此經受磨難考驗的人，都是人類該尊敬和崇拜的人。他們追求的真理不會隨著自己生命的消失而逝去，而將會永世流傳下去。在表面上看，他們是失敗者，可是最後，勝利的榮光將會屬於他們。

一八四八年的《大眾政治學》這樣寫道：「在表面上看，他們可能失敗了，可是這不是徹底的失敗，他們沒有浪費自己的時間，他們的工作也會產生影響。上帝知道我們有平凡而純淨的動機，而且會用自己的智慧和雙手把它強化。上帝做出明智的安排。失敗是不會屬於善良與聰明人的，鳥兒會把你播下的種子帶向遠方，在你走後，你將會贏取豐厚的酬勞。」

他們可能被禁錮，可是哪怕監獄的牢籠再嚴密，他們的思想也是自由的。在他們思想的家園裡，迫害者擁有的權力也沒有作用。囚徒洛夫萊斯如此寫道：「監獄的石牆只是一道圍欄，鐵欄杆困不住我的心靈，僻靜的監獄是純潔心靈的清修之地。」

彌爾頓說：「那些能力最強的人，都是最可以忍受苦難折磨的人。」偉人大多都具有很強的責任心，他們能經受得住苦難與困難的歷練，最後出色地達到工作目標。他們不怕困難，永不屈服，在耗盡心血到達勝利的彼岸時，他們也已經失去生命的活力。在他們眼裡，死亡不可怕。我們會永遠受到他們亙古長存的高尚精神的祝福與安慰。歌德說：「苦難總會填充在生活裡。除了上帝，再也不會有人向我們討帳。對待那些死去的人們，我們都該給予慈悲的關愛。對於他們的失敗，活著的我們不要太過計較，他們做過哪些事情，這才是我們值得重視與關心的。」

舒適的生活環境無法讓人受益，只有苦難和困境才可以給人帶去真正的好處。人的品格會受到逆境的檢驗。梅花香自苦寒來，優秀的品格都是在人歷經磨難之後得來的。人的本性會在磨難中彰顯出來，那些埋藏於內心深處的美德，也將會由此散發出來。他們可能看起來沒有什麼理想與抱負，可是當他們需要在困境裡肩負責任時，他們所散發的品格力量是在平常無法見到的。在平時，他們可能自我放縱，可能待人柔順，可是這個時候，他們卻可以自制，充滿生機與力量。

不幸與好運是互相關聯的，人們只要在苦難中獲得利益，就是讓苦難轉變成幸福。完美的幸福不存在於這個世界。人會在舒適與安逸裡變得無法自拔，可是人往往會在困境與失敗裡獲益匪淺。**漢佛里・戴維爵士說：「人的道德會因為個人生活裡的幸福過多而損壞，人也由此走向墮落和苦難。對於你的幸福，人們會嫉妒和詆毀。」**

在失敗中，人們會強化自己的意志和改善自己的性格。快樂，或是溫和，這些我們也可以在悲傷中用特殊的方式得到。約翰・班揚在以前這樣說：「要是失敗是有價值的，對於苦難，人們會表現出期盼，因為幸福都會在其身後出現。」

快樂是神的禮物，苦難同樣也是神的饋贈，可是後者對於人的品格可以給予很好的磨練。人會由此學會忍耐，學會服從，讓性格日趨完美，思想也可以變得更高尚。赫爾普斯先生說：「那些人類中最深邃的思想，最高尚的思想，它們的源頭在哪裡？不是來自於學識，不是商業活動，也不是感情的衝動，而是苦難。世界上也因此充滿如此多的苦難。人類因善意天使帶來的苦難，而獲得很多的幸福。」

勇敢而虔誠的德克寫了這樣的一段話：「那些歷經苦難的人必將是人類裡的精英。真正的紳士必然是溫順、柔和、有耐心和平靜的感情，並且為人謙虛謹慎。」在談到幾行詩時，威廉・赫茲利特說：「這些話是每個有良心有人性、樂觀而具有才能的人都該謹記在心的。」

人類的高尚品格，是在上帝預先設計的磨難中得以鑄就的。悲傷是在追求幸福過程中不可或缺的因素。所以基督是這樣生活的，在磨難中不屈地活著，在哀傷的生活裡卻滿懷快樂，為了讓其他人變得富足，寧願自己與貧困為伍，看起來是一個什麼都沒有的窮人，可是一切都在其掌握之中。

幸福與那些讓人哀傷的痛苦是相通的。不幸的苦難是一種歷練。人性中最閃亮的部分是磨難鑄就的。說到成功，我們可以認為痛苦和悲傷是必要的條件。人類的才能由痛苦的磨礪得以成長。在雪萊的詩裡，有這樣一段話：「詩人是苦難培養出來的，他們瞭解苦難的真意，並且把它寫成詩歌，讓人傳唱。」

人們在悲傷之後，會冷靜地看待生活。大仲馬這樣問拉布林：「你成為詩人依靠的是什麼？」拉布林回答：「靠的是苦難！」拉布林因為妻兒的逝去而悲痛不已，他只能在詩中排解自己的孤獨和寂寞。因為加斯克爾夫人經歷家庭的劫難，所以她才創作出傑作。一位作家在最近這樣說：「在親人離世以後，人往往會靠娛樂活動來忘卻生活的孤寂。這個時候，他會廣交朋友，擴大自己的社交圈，也會開始創作作品。」

那些為了真理而前仆後繼的人們，他們的共同點是：苦難孕育偉大。

不再消沉，從苦難中崛起

上帝如果要賦予一個人偉大的職責，會先讓他經歷苦難的洗禮，讓他的意志變得更堅強，體魄變得更健壯。

只有經過各種困難磨練的人，才可以獲得事業上的成功，他的行為規範也是以此來鑄就。美德不表現出來是顯示不出價值的，就像那些山林中的隱士，他們往往會變得膽小、懶惰、缺少自我控制。只有懂得付出、承擔責任的人，才是真正的勇士。

想要學到知識和增加智慧，就要積極地投入日常生活中。在日常生活中，人們會遵守紀律，明白自己的責任，學會容忍，變得勤奮。在日常生活中，人們面對困難、痛苦、誘惑的時候，會在與它們的抵抗中變得堅強。在苦難的磨礪下，人們會學到有用於實際生活的知識。

想要更好地瞭解自己，就要與別人進行交流溝通，互相聯繫。真正認識自己的人，必然是融入社會的人。要是脫離社會生活，人會變得自高自大，看不起別人。他會由此失去自己的本性，更有可能變得孤僻，不能與人相處。

史威夫特曾經說：「可以對自己有深刻瞭解，並且可以對自己做出正確評價的人，一定不會是壞人。同樣，那些品格高尚的人，絕對不會是不瞭解自己的人。」可是，人們更傾向於瞭解別人，而往往忽視對自己的評價。

自知之明是那些想要有所建樹的人必備的品格，他們會因此具有堅定並且明確的個人信仰。對一位年輕的朋友，弗雷德里克・伯瑟斯這樣說：「現在，你只是知道自己可以去做哪些事情，你想要有成就，必須瞭解哪些事情你不能做。這個時候，你的心態才會變得平和。」

喜歡向人求教的人，都是虛心的人，那些不願向別人學習優點的人，都是自高自大的人，他們也因此難於成事，要完成偉大的事業，這對於他們更是不可能完成的任務。人應該勤學好問，從別人身上學習優點。

獲取常識不需要多麼強的能力、耐心和謹慎，只要凡事小心就好了。在威廉・赫茲利特看來，那些有智慧的生意人，還有那些胸有城府的人，往往都是明白人，他們絕對不會去臆測那些問題，他們都會以自己親眼所見為基礎進行分析。

在一般情況下，男性的直覺不如女性的直覺強。女性的直覺大多迅速而敏銳，她們也有更多的同情心，而且感情也是容易波動的。與人們相處的時候，她們會表現出溫和的一面，還有圓滑的一面，雖然有些感情豐富的女性中，有人會缺乏理性，可是她們可以控制那些難於駕馭的人。

人們都是人生這所大學裡的學生。人們可能不習慣經驗這種教育的方式，特別是在這些經驗教育裡包含痛苦、悲哀、誘惑，還有困苦時。可是這磨礪是不可或缺的，對在磨礪中獲得的教訓，我們也要加以重視。

在人生這所大學裡，學生在經驗中獲得什麼學識？他們是否提高自己的智慧？是否提高自己的勇氣？是否提高自己的自控能力？但是無法辯駁的是，人獲得的成果往往是在苦難的磨礪之後得來的。對於時間的寶貴，那些經驗豐富的人最瞭解。馬薩林樞機主教這樣說：「我和時間是一個整體。」時間會把美帶給人，對於那些受傷的心，它也會給予安慰。最好的老師就是時間，它是經驗的糧食，也是智慧的沃土。它可能是青少年的朋友，但也可能是他們的敵人，可是對於老人來說，時間往往是其心靈慰藉的良藥。如何利用時間，這也就決定人生是好還是壞，人生是否具有真正的意義。

喬治・赫伯特說：「年輕人的夢想被時間壓碎。」世界在年輕人眼中是多麼地光輝耀眼！滿是新奇和愉悅。可是生活中不光有快樂，也會有悲傷，我們會從時間上瞭解到這一點。不幸和失敗不會是人生的全部，那些擁有堅定不移的信念，並且心靈純潔的人，最終可以戰勝各種阻礙，體會到快樂。對於痛苦，這種人會歡迎它的到來，他們即使面對最沉重的負擔也會傲然挺立。

活力和激情是人生需要的元素，可是青春的激情會在歲月的消磨下變得稀薄。青春的激情在人的成長過程中不斷地被消磨，讓它更平和也更自制。青春的激情透過正確的引導，會讓人變得更健康。青春的激情讓人變得更無私，也會充滿活力。褊狹則透過自私和自高自大表現出來。那些自高自大和自私的人，他們的生活裡，是看不到春天的。生命的春天就是人的青春歲月，一些事情往往需要火熱激情的鼓勵才會去嘗試，而成功更離不開青春激情的力量。人的工作品質會在激情的幫助下得以提高，它可以給人信心和希望，那些乏味的路途也要它的引導才可以走過，它可以讓人愉快地承擔義務，也可以讓人自願地為工作恪盡職守。

亨利・勞倫斯先生說：「想要較為容易地去面對苦難和阻礙，就要學會面對現實……人們會在青春的激情和浪漫的氣質裡找到前進的動力。」亨利先生還說：「要勤勉地去培育和引導年輕人火樣的熱情。現實氣質幫人找到有效的解決方法，浪漫氣質讓人走上新的道路，能將浪漫的氣質與現實的氣質進行融合，這是最好的。在生命的暗夜裡，浪漫的氣質就像是一道曙光，它讓人不會失去希望。」

個性鮮明是約瑟夫・蘭開斯特的特點，在十四歲的時候，他就閱讀《奴隸貿易中的克拉克森》。他在那之後，下定決心，決定要去西印度群島，在那裡教黑人閱讀《聖經》。結果，他只帶著幾先令和《聖經》、《天路歷程》這兩本書就離家出走了。

他成功地到達目的地，來到西印度群島，可是工作應該如何做？對於這一點，他沒有想好。他父母為他的出走備感焦慮，在知道他去哪裡之後，立刻把他帶回家。可是，這沒有影響他火熱的激情。在以後，他投入到真正的慈善事業之中，一如既往地去教育那些身處貧困中的人們。

二十歲的時候，約瑟夫・蘭開斯特創辦他的第一所學校。附近貧苦家庭的孩子立刻就把他的學校填滿了。他學校的房子也顯得過於狹小，他接連不斷地又在附近租了許多房子，在蘭開斯特，最後出現一棟特別的建築。在這棟建築之外，寫著這樣的標語：「只要你願意讓孩子來，我們就可以為你的孩子提供教育，教育是無償的。但是，如果你可以付學費，我們也會接受。」對於「我們國民教育的先驅」這個稱號，約瑟夫・蘭開斯特是當之無愧的。

丹尼爾曾經說：「人會在磨難中變得勇敢，謹慎是逆境教給人的經驗。人在順境裡是無法正視一切的。」

磨難是一筆財富

世界上最悲慘的人不是沒有錢財的人，而是那些沒有經歷過任何艱難險阻的人。

沒有經歷過任何艱難險阻的人，他的能力必將是平凡的，他也無法獲得上帝賜予的美德，因為他沒付出任何代價，所以也就無法得到任何的德行。真正的幸福必將要在大風大浪後才可以體會得到。那個時候，只要獲得一個小的成果，也可以讓自己心情愉悅。在人們看來，擁有健康身體、榮譽、權力和財富的歌德是一個非常幸運的人，可是歌德卻說：「讓我真正快樂的日子很短，甚至不足五個星期的時間。」

日復一日的美麗而無變化的幸福生活，沒有苦難與悲哀的快樂時光，這些生活是人們真正想要的嗎？幸福不會沒有悲哀和喜悅，在悲傷的襯托下，歡樂才會更暢快。幸福就像是一個難以走出的迷宮。苦難和幸運會是人生之路上無法丟棄的旅伴，它們會讓人類體會到悲傷，也會讓人們體會到愉悅。死亡也不是毫無意義的存在，人們會因此更緊密地與現實世界聯繫，生活在它的對照下，也會增色許多。在湯瑪斯‧布朗博士看來，死亡這個要素，也是人類幸福中不可或缺的存在。可是在面對死亡的問題時，人類依舊難以表現出釋然，致以同情的問候也是必需的表達方法。可那些為死亡悲傷憑弔的人，他們的生活與那些從未悲傷過的人相比，前者的生活更豐富而出色。

不要對生活抱有過分的期盼，這是那些理性、樂觀的人會逐步明白到的事情。在面對得來不易的成功時，對於可能降臨的失敗，他也有充分的思想準備。他在期望幸福來臨的同時，對於各種磨難，也會耐心地忍受。生活中對現實的哀嘆與唏噓是無用的，快樂必須在愉快的長期工作裡找尋。對於周圍的人，他們不會有過高的期盼，他們會保持克制和忍耐，與那些人和善地交往。弱點是每個人都有的，那些最傑出的人也不能免俗，他們也需要別人的容忍、同情和憐憫。完美無缺的人和物都是世界上不存在的東西。在被關入監獄以後，丹麥王后卡羅琳‧瑪蒂爾達在教堂的窗戶上，這樣寫道：「上帝啊，我祈禱，讓世人都可以變得偉大。」

我們由此可以得到這樣的結論：人小時候的生活環境和內在的本質，還有家庭的幸福程度，能影響到人的素質。周圍的榜樣會影響到從雙親那裡傳承來的性格，因此我們要學會慈愛寬容。

我們的生活可以由自己的辛勤勞動來建立。每顆心都有一個自我開創的小空間。這個空間因為愉悅的心而變得高興，因為饕餮的心而變得愁苦。「我的王國就是我的心。」這是萬民皆準的法則。人能主宰自己的心，但也可能被心所奴役。我們的心會在生活裡把我們的真實個性展露無遺。

這個世界，在善良的人眼裡是美麗的，在卑鄙的人眼裡是腐敗不堪的。我們想要滿懷希望地快樂生活下去，就要具備高尚的理想，努力提高自己的道德修養，不因為自己的利益而忘卻別人的權益。要是人的生活變得焦慮和沮喪，並且被陰謀詭計所包裹，一定是我們為了擴大勢力和滿足欲望，變得太過自私的結果。

我們無法做到對所有事物都可以透徹瞭解。黑暗把那些不解之謎遮掩得密不透風，對於那些優秀人士必須在苦難中磨礪這個事實，我們可能無法明白其中的深意，可是對於這是生命所必備的部分這個事實，我們要懂得。

對於自己肩負的生活職責，每個人都要恪盡職守。在世界上，職責是最重要的行為，它是不能被背棄的。在生活中，應該把職責制定為自己的最高追求，只有在完成生活賦予的職責時，才會獲得真正的快樂，其他的快樂無法與這種快樂相提並論。

春蠶到死絲方盡，我們也會在履行完人生的職責後與這個世界告別。上帝賦予我們有限的生命，在自己的有生之年，每個人都要盡職盡責。我們會為這些工作耗費心力，最終會在完成時失去活力，可是在精神世界裡，我們得以與世長存。對於我們來說，死亡只是一段休憩的時光，我們把自己的肉體深埋在做出公允評價的墓碑之下。我們最後將成為山嶺，或是塵埃的一部分。

成功者總是可以走出困境

每個人都會遇到困境，成功者與我們不同的是，他們總是可以想辦法走出困境。

哥倫布是一個勇敢的人，他身上同時也充滿激情。他相信在這個世界上，一定存在新大陸，他也為了這個想法積極地行動，駛入陌生的海域，在那進行冒險的探索。他周圍的船員因為絕望而與他為敵，並威脅他說：「我們會把你扔進大海的！」可是他依然不放棄，滿懷希望，最終找到新大陸。

人們成就偉大事業的路途上，熱情會給予人前進的力量。人們可能會因為缺少熱情而被困難和挫折擊敗。一個人要是具有無盡的勇氣、堅忍的毅力、熱情的激勵與推動，就會變得無法被戰勝，在任何危險面前都可以戰鬥到最後一刻。

勇敢的人是無所畏懼的，他永遠不會放棄，最終他將獲得勝利。人們往往忽視成功者背後付出的艱辛、面對的危險和忍受的痛苦，他們只注意到成功人士的愉悅。勒費弗爾元帥在聽到朋友讚揚他的財富與好運時，他說：「你是嫉妒我嗎？我的這些財富，你可以用更簡單的方法得到。你到我院子裡去，走到距離我三十步以外的位置，我向你開二十槍，只要你活下來，我的一切財富都給你。你敢這樣做嗎？你要記住，我是冒著槍林彈雨、面對生命的考驗，才取得如今的成功。我在比你更近的距離裡，讓敵人射殺過，至少被槍射過一千次以上。」

只有經過苦難的人，才有可能成為偉人；只有經歷千辛萬苦的考驗，才可以摘得勝利的果實。人會在苦難的磨練下獲得行動的勇氣。彗星的光芒會在日食裡變得更亮，經過亂世的磨難，才可以成長出英雄。天才在一定條件下是由突發和激烈的磨難造就的。高尚的性格會因為沉迷於逸樂而墮落。

人們在苦難的激勵下學會自力更生、堅韌和努力。人會因為散漫和懶惰而變得難以成事。人會因為缺少苦難而變得毫無鬥志，勝利的背後必然有艱辛的磨難。人只有在與誘惑的抗爭中才可以學會自我控制。忍耐和順從是痛苦與不幸帶來的經驗。力量、機率和美德都是產生於災難與不幸之中的。

在與困難鬥爭的過程裡，人們會成長起來。**卡萊爾說：「只有勇於面對困境、與困境進行鬥爭的人，才是強大的人。那些躲在家裡的懦夫、養尊處優的人，無法望其項背。」**

人們在富裕之中，會變得心事重重。克里特說：「我必然會樂於貧困的到來，請你們不要來得太晚。」賀拉斯說：「他會寫詩，也是貧困的功勞，它因此認識瓦納斯、維吉爾，還有馬希隆。」麥克雷說：「人的力量會在挫折中得以激發。我也過著與維吉爾一樣的生活，可是在那幾年間，我並沒覺得自己是一個窮人。」

塞凡提斯遭受貧困，這在西班牙人看來，這是值得慶幸的事情。要不是這樣，那些偉大的作品，塞凡提斯是寫不出來的。托雷多地區的大主教去了馬德里，他在那裡拜訪法國駐馬德里的大使，那位來自法國的大使說他非常欽佩寫《唐吉訶德》的作者，他說自己非常想見那位作者。可是他們卻被告知，在西班牙，塞凡提斯只是一個年紀偏大的窮人，現在還在辛苦地服役。這讓法國紳士很吃驚，他說：「天啊！塞凡提斯竟然是如此困苦。他為什麼不靠《唐吉訶德》這筆巨大的財富過活？」大主教回答：「上帝是不會答應的！他的靈感是在貧困中被激發出來的，由於他的貧困，世界得到寶貴的財富。」

在許多偉人的一生中，都是在與困難鬥爭，從失敗中振作起來，頑強不屈地繼續抗爭。但丁創作出的最偉大作品，就是在他貧困的流放時期完成的。反對他的地方勢力把他家洗劫一空，還把他掃地出門。在他缺席的情況下，他被判處火刑。朋友說：「只要你請求寬恕，向他們屈服，就可以回到你的故鄉佛羅倫斯。」可是他卻回答：「不，我絕對不會這樣做。我不能用這種途徑回到家鄉。要是你或是其他任何人，可以讓我不汙損名譽地回到故鄉，任何方法我都會欣然接受的。不然我是不會回佛羅倫斯的。」但丁的敵人沒有對他表示寬恕，他在離開家鄉二十年後，死在異地。可是在他死後，他的敵人依舊不放過他，在波隆那，教廷大使普吉特下令把他的著作《帝制論》當眾燒毀。

同樣在流放時期創作偉大詩篇的還有賈梅士。在聖塔倫地區，對於與世隔絕的生活，他十分厭倦，由此參加反對莫爾斯的遠征，他的英勇威名也由此而廣為人知。在一次海戰中，他勇敢地衝上敵人的艦船，並且為此失去一隻眼睛。他在印度東部的果阿目睹葡萄牙人的各種暴行，他在無法忍受的情況下勸總督制止這些惡行。他也因為這種行為被流放到中國。

他幾乎死於一次航行中的暴風雨。萬幸的是，他的手稿《盧濟塔尼亞人之歌》逃過一劫。苦難總是與他如影隨形。在澳門，他被監禁起來，最後有幸脫逃，終於回到里斯本，可是卻沒剩下一分錢。就在他回到里斯本不久之後，他出版《盧濟塔尼亞人之歌》，他也由此聲名鵲起，但是，這沒有帶給他經濟上的好轉。他的生活只能靠印度老奴安東尼奧的乞討來維持，由於有這個忠心的僕人，他才沒被餓死。他最後病死於一所公共救濟所裡。他的墓碑上這樣寫道：「安眠在這裡的人叫作路易・德・賈梅士，他是當代最傑出的詩人，他的一生是在貧困與艱難中度過的，他是在悲慘的苦難中去世的。」

在生命的大多數時間裡，米開朗基羅一直受到迫害。他被那些嫉妒者迫害，其中有粗俗的貴族、教士和各個階層裡的小人。他們心狠手辣，對於他的才華，毫不在意。《最後的審判》這幅作品，保祿四世也給予指責。這位藝術家說：「教宗應該專心去糾正那些給世界丟臉的行為，還有那些粗俗的言論與行為，這樣做要比他對藝術亂作評價有意義得多啊！」

誹謗和迫害也經常發生在托爾夸托・塔索身上，他有七年的時間是在瘋人院裡度過的，後來他只能流落在義大利的街頭。**在臨死前，他寫道：「對於命運，我不會對它的不公平表示不滿。那些忘恩負義的人，那些害我的人，他們不值得讓我去說。」**

大多數人都是在苦難的磨礪後完成自己最具意義，最具榮耀的事業，他們有的是為了逃脫苦難，有的是抱有崇高責任心，這讓個人的悲傷變得不再重要。達爾文博士對一個朋友說：「我要不是因為身體的孱弱，就有可能不會獲得這些成果。」對於自己的疾病，多納博士對人說：「我經常會發燒，這是大家都瞭解的，就像會隨時進入天堂一樣，被疾病包裹在封閉的孤獨之中。為此，我不停地向上帝禱告。」

席勒創作的偉大悲劇，也是在經歷殘酷的肉體折磨之後，才得以完成的。亨德爾最偉大的時刻也是在最接近死亡的時候。他們的偉大作品都是在與病痛奮勇抗爭後創作出來的，也因此在音樂史上，這些作品可以流芳百世。偉大的歌劇《安魂曲》是莫札特在債務和病痛的雙重折磨下完成的。貝多芬在耳朵幾乎失去聽力的時候，陷入極度的悲哀之中，可是這個時候他卻譜寫出自己最傑出的樂章。

舒伯特的一生很短，他只活了三十二年，雖然只留下幾本手稿、一些衣物和六十三個銀幣，可是他的一生卻是輝煌的。胡德用自己痛苦的心靈譜寫出快樂的作品。他說：「我只有傷感的旋律，我無法發現與歡樂同調的琴弦。」

在忍受苦難的事蹟裡，沃拉斯頓的例子尤為突出。在死前的最後幾個小時中，面對病痛的侵襲，他強忍著痛苦，口述自己的發現，這讓那些對於人類有益的知識，得以留存下來。

幸福往往包含於苦難之中。在波斯，一位聖者說：「不要恐懼黑暗，在它裡面是生命的起始。」苦難是讓人難過的，可它也會給人帶來好的影響。學會承受、變得堅強不屈、鍛鍊出最高尚的品格，這往往是透過苦難的洗禮得到的饋贈。苦難的磨礪把品格變得完美。在極度的悲傷裡，善於思索並且具有耐心的人會找到智慧，這種智慧比歡樂中得到的豐富。

傑勒米・泰勒說：「對於美德產生於悲傷和痛苦這個事實，我們要瞭解。這些苦難讓人們做事謹慎，隨時保持清醒，他們不再目中無人，也不再舉止輕浮。上帝仁慈而理智地掌控這個世界。要是上帝自己不想經歷這些磨難，就不會使苦難成為幸福、美德、智慧、耐力的訓練所，也不會讓這個世界產生苦難，更不會對那些品格高尚、意志堅強的人施以苦難的折磨。」

可以自己走出困境的人，必然是相信自己、不斷進取的人。他們在能力不足時加強提升鍛鍊，能力足夠時不斷自我鼓勵給自己信心和勇氣。當然，也得益於他們平時隨時地自我提醒和修養。

第三章

自我約束是進步的前奏

一個可以自我約束的人，一般自律自愛，做事井然有序、認真負責，進步只是時間的問題；反之，一個不會約束自我的人，無法控制自己的情緒、管不住欲望、不會遵守規則……放任自己的結果，就是再也難以進步，甚至會走向更深的歧途。

學會控制自己的欲望

一個人在生活中很多方面，都需要有可以自我控制的勇氣。

可是，這種勇氣只有在真正的生活中才會表現得真實明瞭。自私的欲望會控制那些不能自我控制的人。那些與他們一樣自私的人，也會把他們當成奴隸來使喚。這些人在虛假中生活，人云亦云，對於事情的後果，他們從來不考慮。對於物質享受，他們會拼命地去尋求。他們無法控制欲望，被欲望輕易地征服，別人的利益也會因此被他們所損害。他們慢慢開始欠錢不還，最終淪為債務的奴隸。他們道德怯懦並且卑劣。他們沒有獨立自主的品性。

正直的人不會掩過飾非，也不會矯飾自己，他們探尋的，只是真實的生活方式。他們不會依靠別人的救濟過活，他們不會超額消費，只花自己能力範圍內的錢。他們認為欠錢過活的行為就像當街行竊一樣可恥。

有人也許認為這樣說得過於嚴重，可是這樣才可以讓人可以通過最嚴格的考驗。靠別人過活是不正直的行為，這種生活是虛偽的，它被謊言所包裹。喬治・赫伯特有一句名言，他說：「欠債與說謊是一個道理。」這句話被許多事實加以驗證。霍斯奠格・拉蘭監獄，有一位叫沙夫茲伯的牧師，在提交給蘇蕾法庭的年度報告裡，他闡述自己的觀點：「對於搶劫罪，我認真研究那些犯此罪的犯人性格，得出結論。他們去搶劫，不是由於無知、酗酒、貧困和富裕生活的誘惑，而是由不誠實導致的不勞而獲的欲望引起的。」他認為一切不道德的行為都是由不滿的欲望引起的。對於米拉波的名言「偉大的敵人就是那些無關痛癢的道德」是不能相信的。一切高尚品格都需要建立在嚴格遵守所有道德的基礎之上。

那些依靠借錢過活的貧困者，絕對不會是過著節儉生活的正直人。對於自己的欲望，他可以掌控得好，就算賺的錢不多，也不會讓他陷入貧困之中，可以讓進出資金平衡的人，他們就是富翁。對於那些運到雅典的大量財寶、珠寶首飾和價值不菲的家具，蘇格拉底這樣說：「我是不會去奢求這些我看到的東西的。」伯瑟斯說：「對於自私，這也不是難以寬恕的事情。在最貧困的生活裡也會有些你我擁有的大筆財富。那些生活必需品是最窮的人才會擔心的事情。人們想要安排好日常生活，只要學會節儉就夠了。」

不會被發財夢困擾的人都是沒有奢求欲望的人。法拉第就是這樣的人，他放棄大筆的財富，把一生奉獻給科學事業。他不會為了生活的愉悅而去借那些無法償還的錢。欠了許多債務的馬金，他被別人問：「你拿什麼付酒錢？」他說：「我也不知道，我只知道我的帳單上又欠了一筆錢。」

意志薄弱者的墮落就表現在記帳的行為上。他們屈從於誘惑，因此總是去借錢。可是借債是商業競爭裡被加以鼓勵的行為，那些借債人希望藉此獲得最大的利益。一次，席尼・史密斯去拜訪新鄰居。當地報紙稱這位新鄰居是貿易往來很多的人，每個行業都會受到他的影響。可是史密斯先生的拜訪讓這位鄰居有清醒的認識。他說：「我們也和普通人一樣，沒有什麼過人之處，也遵守有借有還的原則。」

威廉・赫茲利特雖然不太節儉，但是他誠實並且正直。他這樣評價那些向人借錢和無法存積財富的人，他說：「浪費錢財的人會把錢花在最先看到的事物上，他們的錢總是不夠用。那些借錢的人總是找人借錢，最後被這種本領引向墮落的深淵。」

我們可以找到真實的例子，謝里登的事蹟就可以說明問題。他花錢無度，只要沒有錢就去借，他向每個信任他的人都借錢了。他也因此在競選議員時被這些欠債弄得名聲掃地。帕默斯頓勳爵說：「在他演講台前，圍滿向他索要欠款的無辜者。」可是謝里登在這個窘困的時刻，依然取笑他的債權人。這一切被帕默斯頓勳爵看在眼中。他的債權人不會被謝里登得體的舉止所迷惑，他們會懷疑他的德行。

人們在那個時代對於錢財問題的道德論調不高。那些挪用公款的行為，都不會受到很大的責難，對於那些挪用公款的追隨者，有些政黨的首腦往往會給予保護。他們表現出大度的容忍，認為這些人只要不損害他們的利益就沒事。他們認為自己是顯貴，他們的寬容讓當地利益被損害，那些挪用公款的放肆行為被加以縱容。

皮納爾上校在康沃利斯擔任愛爾蘭總督時期擔任軍隊帳目的審計師一職，康沃利斯說：「我從小只學到一點有價值的東西，那就是：我需要一個誠實而正直的人。」

在不侵佔公家財物的人之中，老威廉・皮特可以說是第一人。他在位的時候，沒有拿過公家一毛錢，他的光明磊落遺傳給他的大兒子。面對數百萬的鉅款，小威廉・皮特絲毫不被引誘。他一生公正清廉，臨終之時也是孑然一身。對於他的誠實與正直，那些惡毒攻訐他的人也不會懷疑。

政府官員在以前有很高的薪酬。十六世紀，有一位出名的買官者，他叫奧德蕾，他買了法官的職位，別人問他為此花了多少錢，他回答：「有許多人渴望進入天堂，可是與那些不在乎下地獄的人相比，後者數量更龐大。對於哪個人不害怕惡魔，這是眾所周知的事情。」

作為誠實正直的君子典型，華特・史考特是毫無爭議的。他的傳記寫道：他盡自己所能，償還一切與自己有關的債務。他的書稿無法出版，因為他沒有錢。他已經快到了傾家蕩產的境地。可是在他最艱難的時候，他也不去乞憐別人的憐憫。他的朋友願意借錢幫助他還債，可是他驕傲地說：「不需要，我自己會償還的，靠我右手的努力寫作去償還一切。」他寫了一封信給朋友，在信中說：「除了清白的名聲，我所有的東西都可以失去。」他的身體被過度的工作所影響，可是他仍然努力地寫作，如老虎一樣地寫作，他在不能動筆時終於成功完成任務。他還清所有的債務，以生命健康作為交換，維護自己的名聲，也保全自己的自尊。

霍爾上尉說：「我認為，面對財產的損失，人們沒必要表現得過於煩惱，在人生的眾多不幸中，它只是很小的一點。**相比而言，失去朋友的痛苦更強烈。它是如何產生的？這才是問題的關鍵，要努力去彌補那個災難造成的後果。**這個痛苦要是降臨在正直人的身上，我會真誠地希望他們可以解決問題，可以迅速而圓滿地解決。」

史考特在痛苦、悲傷、家境貧困的時候寫下許多作品，其中有《伍德斯托克》、《拿破崙傳》、《卡農蓋特編年史》、《雜文集》、《祖父的故事》，以及一些季刊上發表的文章。他要靠這些收入來償還債務。他說：「我在欠債時連睡覺都不踏實。現在我終於卸下這個包袱，我在聽到債權人的感謝詞以後，心情變得舒暢多了。我為自己維護誠實和正直的信譽而感到非常自豪。我保全清白名譽的道路上充滿黑暗，讓人心情壓抑，而且顯得很漫長。我可能會在痛苦中死去，可是我寧願在光榮中逝去。債權人會因為我償還債務而信任我，我的良心也不會失去。只有這樣，我才不會心緒不寧。」

此後，他寫了更多的文章和回憶錄。他癱瘓前寫了《伯斯麗人》、《蓋爾斯坦的安妮》、《祖父的故事》等文章。可是他在癱瘓中一恢復，就繼續寫作，他不顧醫生的提醒，書寫著《惡魔學與巫術之文學研究》和《拉德勒百科全書》，沒有人可以阻止他的工作。對艾伯克倫比醫生，他這樣說：「要是裝滿水的水壺在爐火上可以不被燒開，我就停止工作。無所事事的生活會讓我發瘋的。」

史考特的欠債因為他努力地工作慢慢減少。他認為，在不久以後就可以還清欠款，由此重獲自由。他已經難以再寫作，可是他還是堅持續寫《羅伯特伯爵在巴黎》，他也因此加重病情，讓癱瘓變得更嚴重。他在這次感覺到自己已經沒有多少精力，可是他還未喪失掉自己的勇氣與毅力。在日記裡，他寫道：「我感覺到痛苦，很大的痛苦，可是這不是來自心靈的折磨而是來自肉體的傷痛。我想一直這樣睡過去就好了。可是我會堅持到死，永不放棄。」

他再次由癱瘓中恢復過來時，他的手指已不再靈巧，現在都不太受他控制，可是他還是堅持寫作，完成《危險的城堡》。此後，他去義大利進行最後一次旅行，讓身心得到休息，從疲憊中恢復過來。他在旅行期間去了那不勒斯，在那裡他又開始寫新的小說，沒有人能阻止他每天上午幾個小時的工作，讓人失望的是，最終他還是沒有寫完這部小說。

回到阿伯茲福德不久，史考特就與世長辭了。在回到阿伯茲福德的途中，他說：「我去過許多風景名勝，可是那些地方帶給我的快樂不如自己家給的多，在家我才是最輕鬆愉快的。」他會在清醒時提起自己的成就：「我可能是這個時代作品最多的作家。我擁有永不動搖的信念，我有生命的決心與勇氣。這讓我可以感受到輕鬆愉快，也可以給我帶來安慰。」洛克哈特與他偉大的岳父相比，他的虔誠行為一點也不遜色。他用了幾年時間寫完《史考特傳》，並且藉此獲得成功。可是他沒有獲得一分錢，他都用去還債，哪怕這些債務與他毫無瓜葛。他之所以寫這部傳記，是為了紀念這位傑出的逝者。

你的欲望，如同你的債務，如果控制不好，你將受到牽連，因此變得窮困。

偉人們都懂得自我克制

快樂的性情，會讓那些地位低下的人的心靈變得偉大、樂觀、高貴、高尚。

法拉第是自學成才的科學家，正是他發現電磁感應原理。對於法拉第的性格特徵，丁達爾教授的精彩描敘就像繪製一幅精美的圖畫，一幅自我克制而為科學事業刻苦努力、辛勞付出的圖畫。法拉第在這幅圖畫中展現自己的性格特點，他倔強、脾氣古怪、容易衝動，可是也有溫和敏感的一面。丁達爾教授說：「他火山般炙熱的激情潛藏在溫文爾雅之下。他容易衝動，而且脾氣也很暴躁。可是他火焰般的激情在高度的自我控制下，變成生命的活力，這股力量沒有被浪費，它變成一束光芒。」

自我克制的品格存在於法拉第的性格中，他在投入全部精力的分析化學事業上，獲得傑出的成就。在科學的探索之路上，他抗拒所有誘惑。丁達爾教授說：「他的父親是一位鐵匠，他當過裝訂工的學徒，沒有選擇十五萬英鎊的巨額財產，而是選擇科學的事業。最後，他離開人世的時候，身上沒有一分錢，可是英國科學名人的光榮榜上，四十年裡都是他的名字獨佔鰲頭。」

安格迪爾，這位歷史學家面對拿破崙的政權毫不屈服，他是法國少有的幾個不畏強權的文人之一。他貧困潦倒，每天只有最低的消費去買麵包牛奶，用來維持生活。一位朋友對他說：「我每天要節省一點，是為了討得征服者歡心，我要在日後送禮給馬倫哥和奧斯特里茲。我每天存的錢與你用的錢差不多。你現在如果生病了，就只能靠救濟金來過活。你想要生活下去，也要像其他人那樣討好皇帝。」安格迪爾不屈地說：「要是那樣，不如讓我去死！」可是貧困沒有奪走他的生命，他活了九十四歲。臨死之前，他說：「我這個將死的人依然活力無窮。」

這種傑出的自我克制品格，在詹姆斯．奧特朗先生身上也可以發現，他展現的形式是以另一種方式來表達。他可以克制自己有利的生活條件帶來的影響，這種品格就像偉大的亞瑟王身上具有的一般。他一生表現出的高尚寬容精神是所有人都敬佩的。對於某些他不贊同的政策，他不會逃避，依然會盡全力貫徹執行這項任務。對於侵略信德地區，他個人不贊同，可是納皮爾將軍認為他帶領的部隊是做得最好的。征服者在戰爭結束時無所顧忌地在信德地區進行搶掠，奧特朗說：「我反對這場戰爭，對於這場行動，我也是不會加入的。」

哈克洛夫在攻打勒克瑙，他帶領一支強大的軍隊前去支援。此時，他表現出強大的自我克制能力。他是哈克洛夫的上級，有權擔任戰場的總指揮，可是他願意聽從這位部下的調遣，讓他統領全域。克萊德勳爵說：「奧特朗將軍因此受到大家的敬仰。他願意與別人共用這份榮譽和光榮。這品格是多麼的崇高，多麼的高尚啊！」

只有在任何事情上可以自我克制，才可以擁有平和與光彩的人生。人類不能缺少容忍與克制這兩項品格。理智不能受到脾氣的影響。那些壞心情、壞脾氣、刻薄的表現和嘲弄別人的行為是要儘量避免的。這些惡習會在人們疏忽大意時乘虛而入，在我們本性中埋藏，甚至對我們心靈給予控制。

傑出的人物都具有容忍和寬大的品格。茱莉亞・韋奇伍德夫人說：「所有精神禮物裡最珍貴的就是理性的寬容。」弗朗西斯・霍納在信中寫道：「那些直率、冒失和熱情的朋友裡總會有好的榜樣。可是那些意識狹隘，與別人意見往往不合的人，總是挑起是非，毫不在意別人感受，這種人也往往會在政治上與那些局外人說東說西。」我們自己身上可能也擁有本人無法察覺的怪癖。就像南美的一個村落，人們普遍患有甲狀腺腫，那裡的人認為，沒得病的才是不正常的人。

只有尊重別人的人格，才可以與人和睦相處，進而得到別人的尊重。我們不能苛求別人都擁有與你一樣的處世方式和性格，面對不同品性的人，我們只有擁有寬容的心態才易於交往。

一次，他們看到路過的一群英國人，「看看那些人，他們的脖子太小了！」他們如此嘲笑。

人們會因為別人對自己的某項特點或愛好提出意見而苦惱。那些總以自己為出發點考慮問題的人容易心情煩躁，由此導致壞脾氣。這種現象在生活中普遍存在，這也反映出那些人缺少寬厚仁慈的品格。我們毫無必要為了別人不懷好意的態度而煩惱。喬治・赫伯特說：「我們的口無遮攔，最終會害了我們自己。」

法拉第不僅學問豐富，他還極富教養。這位偉人寫了一封信給自己的朋友丁達爾教授，他在信中闡述自己的意見，他的建議充滿智慧，令人欽佩，其中還包含他豐富的人生經驗。他寫道：「我已經快走到人生盡頭了，我現在此時把我人生經歷中的感悟告訴你。我年輕時也經常誤會別人，可是那些會刺痛你的話還是假裝聽不見為好，值得你品味的是親切友好的話語。謊言無法掩蓋真相。對待那些有不同觀點並且見解錯誤的人，冷淡的無視比強硬的抗爭更有效。在我看來，應該去更多感受別人的善意而不要糾結於黨派間的偏見。人生會因為人與人之間的和睦交往而變得更幸福。你可能無法知道，我也會在暗地裡對別人的反對惱怒，可是我總會盡最大可能地克制自己，我因此不會正面與人發生衝突，這樣做對我是有好處的，它讓我不會損失什麼。」

畫家巴里總是喜歡與人爭論。一次，他前往羅馬，在那裡遇到羅馬的藝術家和藝術愛好者，他們對油畫與繪畫經營問題進行激烈的爭論。他的同鄉兼好友埃德蒙・伯克是一位胸懷大度的人，他寫了一封充滿感情的信給巴里，信中寫道：「親愛的巴里，我不會欺騙你，你要信任我，世界的邪惡可以靠武器來制裁，可是想要與別人相處得更融洽，就要學會節制、溫和與寬待別人，還要可以自我反省。在有些人眼中，這樣的行為會顯得卑劣，可這才是偉大並且崇高的品格，它會使人變得更冷靜，還會讓好運降臨在我們身邊。對於流言蜚語、欺騙和暴力爭端，只有具有平靜的心靈才可以從容面對。我們就算不是為了別人而進行和睦的交往，也要為自己的利益考慮，友好的關係對我們有利。」

伯克給予巴里這樣的建議，可是他的性格也不完善，他的脾氣也是有弱點的。一次，在卑爾根菲爾德，他病倒了，福克斯特意趕來看他，可是因為政見的分歧，他不肯與之見面。福克斯把此事告訴好友科克。在科克看來，伯克太過頑固，可是福克斯卻說：「沒關係，可能每個愛爾蘭人都有點糊塗。」寬宏大量的福克斯在伯克臨終時寫了一封信，這封信是寫給伯克夫人的，這封信充滿他誠摯的敬意，表達他親切的友善之情。伯克生前想，他死後最好能埋葬在西敏寺，要是不行，就改在卑爾根菲爾德。在他死後，福克斯首先就建議把他葬在西敏寺。

對於自我控制的價值，詩人伯恩斯深有體會，他可以把這觀點傳達給人們，並且讓人的內心接受它。可是伯恩斯的自我控制能力在現實中也表現不佳。他經常會不由自主地用刻薄的語言來嘲諷別人。對於此，一位傳記作家寫道：「可以毫不誇張地說，他的每個玩笑就會產生十個敵人。可憐的伯恩斯，他總是放鬆對自己欲望的控制。他也因此付出代價，放縱讓他墮落，也讓他的名聲被汙損。」

他甚至會去譜寫一些低俗的樂曲來滿足酒吧間的需求，可是年輕人的思想往往會被這些樂曲毒害。詩人還是有許多精美的詩篇，只是這些優秀作品與不道德作品相比，它的好處無法彌補後者造成的危害。

人們稱伯納戈為法國的伯恩斯。伯納戈也是一個天賦異稟的人。他渴望成為優秀的人，他想獲得快樂。他深得同鄉的寵愛，那是由於他掩蓋現實的罪惡並且把法國的浮華大加吹捧一番。在法國，對於拿破崙王朝的重建，伯納戈歌曲和梯也爾的歷史著作產生重要的作用。可是伯納戈的許多歌曲對道德的敗壞作用更大，無法用其功績來補償。法國到處流傳這些歌曲，其道德也被這些邪惡骯髒的歌曲而敗壞。

伯恩斯最好的詩篇就包括他二十八歲時寫的《一個詩人的墓誌銘》。在人們看來，這就像是他對自己人生經歷的描寫。對於這首詩，沃茲沃斯這樣評價：「他在此進行嚴肅和徹底的反省。他公開自己的遺願。他的懺悔是虔誠的、理性而且具有人性的。他就像是一個可以預料到的歷史。」這篇詩歌寫道：「親愛的讀者，留心你的靈魂，仔細觀察它。它是在幻想的海洋裡遊弋，還是消失在杳無聲息的夜色裡？無論在哪種情況下，對自我控制這條智慧的根本教條要牢記在心。」

酗酒是伯恩斯主要的惡習，他的其他的一些惡習也由此而來。他不是一個沉迷酒精的醉漢，他面對酒的誘惑，無法抗拒，酒精讓他的控制力減弱，他的品格也由於缺少克制力而不斷墮落。可悲的是人終生都會受到酗酒欲望的影響。這種惡習也是現在最流行和最讓人墮落的壞習慣。

對不誠信的行為說「不」

我們毫不懷疑，世界上具有最好物質基礎的國家就是我們的國家。我們擁有願意工作的工人，他們也可以圓滿地完成工作。可是我們不願意有人馬虎地完成工作，我們需要能優秀地完成工作的員工。我們的員工不會因為工作完成得不好而罷工，他們都只會為了得不到法定薪資而進行罷工。我們不需要更長的勞動時間，我們需要的是品質更優秀的工作。那些不正直也不誠信的工人讓英國的產品在世界各大市場受到輕視。

美國也有一樣的想法，到處都可以印證「上帝不會去密蘇里以西」這句諺語的正確性。美元成為各處的崇拜對象，它是萬能的，它成為主宰一切的存在。沙克門托寫過一篇文章，文中寫道：「美國人熱愛金錢，他們這個民族也製造金錢。他們的貴族就是錢，沒有其他的貴族或是女王可以約束他們的行為。」其他一切價值在對財富的渴望面前都不值一提。商業上的欺詐是他們行業內的規則，而不是特例。我們不管是否會對人造成毒害，在糧食中摻假。我們為了節省成本，不惜採用廉價的材料，製成有毒的藥品。我們賣假冒的毛料製品。我們出售那用膠合木做的假冒實心木板。我們建起品質奇差的房子，簡直就是用劣質材料堆砌成的簡陋窩棚。我們做的每一筆生意，都離不開對身邊人的掠奪和欺詐。我們只對賺錢有興趣，沒有時間考慮自己如何免遭欺詐。在遭受欺詐後，依舊不改正，也用欺詐別人來獲取補償。

我們這種國民的特性，讓我們付出沉重代價，我們民族的誠實正直的意識正在快速消失。在那些落後的國家裡，由帝王統治的愚昧國家裡，人們還保有正直與誠實，由此生活得比我們幸福。欺詐在那裡是犯罪。冒名頂替的人如果被發現，就會受到嚴厲的處罰。可是這些國家很落後，它們連自由是什麼都不知道。它們沒有美國的獨立日，它們也沒有商業繁華的華爾街。它們沒有鱈魚，它們同樣也沒有冒牌貴族。它們也不知道這個事實，為了尋求生命、自由、幸福，每個人都會欺騙鄰居，而且可以拒絕賠償。美國人開始的觀點比較奇怪，他們認為，公共教育系統導致工作的壞處和不自願做好工作的態度。在成為體力勞動者前，每個人都受到過良好的教育。美國人沒有學徒，他們也沒有僕役。我們的說法不是空穴來風。在《作家月刊》中，一位作者這樣寫道：「在美國，他們在教育系統裡建立一個神，只要是說他的壞話，就是背叛的行為。只要對其價值觀產生懷疑，任何一個人都會被當成危險人物，他們會被教育矯正。但是讓我們把眼睛睜大，好好看看這個事實，這種教育成為人們工作準備時的障礙，對於那些依賴手工技巧的工作尤其如此。它是華而不實的，是讓人似懂非懂的半成品教育。」

個人是卑鄙的，國家和政權也是如此，佔它們總數百分之三的政府衡量它們的行為。在西班牙、土耳其、希臘，這些國家的商業界缺少誠信，它們的人民因為南美殖民地獲得的黃金而變得懶惰。在今天的西班牙，人們以工作為恥，卻願意以乞討為生。希臘欠下的許多債務都未經償還，就像土耳其一樣還不起所欠的債務，加工製造的工作在這些國家都交給外國人做。

對於美國費城，還有美國其他那些早就在幾年前把欠款賴掉的州，它們相較而言更有希望。這些富裕州的人民把國外的借款用來修路開渠，它們州的人民因此變得更富有。席尼・史密斯這位可敬的人，他把在拮据生活裡存下的辛苦錢借出去。這個舉動，讓全世界都瞭解他的損失。在華盛頓的國會大廈前，他發表他的抗議。後來，他還把自己寫的抗議書發表出去。他說：「美國人自我吹噓地認為革新舊的世界，可是這個新的秩序一樣充滿罪惡。它這樣一個偉大的國家，鞭撻世界各地的暴君，可是它卻犯下空前的欺詐罪行，這就像歐洲最墮落國家的最卑鄙的國王一樣可恥。」

行為高尚的伊利諾州卻很窮，也與費城一樣借錢完成州內的建設。許多窮州在富裕的費城欠錢不還事件被揭發出來以後也都想效仿。每家的戶主都擁有一張選票，要是他們不正直是很好把錢拖欠掉的。在伊利諾州的首府春田市，他們舉行一次會議，會上對於賴掉債務的法令，議會進行討論。可是一個正直的人在法令通過前阻止他們。我們說下那個人高貴的名字吧，他叫史蒂芬・道格拉斯，他在出席大會前還因病躺在旅館裡。他病得不能行走，是叫人抬到會議現場的。他就是在那裡躺著寫下自己的意見。他的意見也成為代替那個逃債法令的決議：「伊利諾州即使沒有還過一分錢也要做到誠實無欺。」

這份決議讓在場每個人的感情受到觸動，人們表達熱烈的擁護，決議順利地通過。這有力地壓制欠債不還的不良風氣。這個州的運河債券也由此立刻升值，越來越多的移民，還有隨之而來的大量資金都流入這個州。現在美國最繁華的幾個州裡就有伊利諾州。它相比其他州有最長的鐵路線。它的平原廣闊，都被開墾成大片的農田。在這片農田中，散落著無數個祥和幸福的家庭，這就是正直力量作用的結果。

我們確實已經變得很自私。對於自己，我們考慮得比別人更多。我們越追求享樂，越不會關心自己的同類。別人的需求在自私的人眼中是毫不在意的。他們沒有任何防備武器，把自己封閉在一個獨立的空間裡。他們會被窮困和痛苦所侵襲。他們面對那些給予他們滿足感的人，才會開放自己的感情。約翰一世說：「一些人來到這個世界上，他們目的就是為了養肥上帝給予的身體和追求享樂。上帝面對滿是奢華食品的餐桌會大發雷霆，那是魔鬼才會有的狂歡。他這種行為有德人也會驚訝，連僕人都會譏諷地嘲笑。**奢華的宴會只會留給暴君和犯罪發財人去**

享用，正直的人是不屑一顧的，這份奢華也是那些享樂者被苦難折磨的原因。」

在艱苦條件下，我們已經不知道如何生活。一個人不奢侈就無法生活。一個人佔有豐富的財富不是他生命的意義。他在貧窮中也要堅守誠實。要前往基督徒忘我境界的聖地，他需要省去無用的開銷，還要具有古人品格的力量。那些需求適當、不貪婪的人，他們才是我們這個時代最需求的人。拉克代爾說：「讓我感受最深的是一間小屋裡的一顆偉大的心。那些人傳播真善，他們是幸福的，在豐收面前，他們也不會墮落。」

有一個守信的案例，是關於一個德國正直的貧農，這個故事在聖帕瑞寫的《大自然的考察》裡有記載。在一七六〇年，他住在郝斯，任職於考特・聖吉耳曼公司，在那裡擔任工程師。在那裡，他第一次開始瞭解戰爭。毀掉的農場和劫掠後的村莊是他每日要經過的地方。村莊裡，男女老幼含淚出逃。對於摧毀村民勞動成果的舉動，武裝份子們引以為豪。可是在這暴行肆虐的聖帕瑞，有一個窮人的行為給這個飽受摧殘的城市帶來一絲暖意。這位窮人的屋子和農田在路邊，這條路也正好是軍隊前進的道路。騎兵上尉帶著一隊人馬四處打探，他們的任務是搜獲糧草。他們來到一個簡陋的小屋前，他下馬敲門後，一位白鬍子老人把門打開。這個上尉說：「帶我們去有糧食的田地。」老人回答：「好的，長官，立刻就走。」他帶著這些軍人向山谷上方前行。他們走了一個小時，前方出現一片田地，是一大塊麥田。軍官高興地說：

「這真是太好了，問題解決了。」可是老人說：「先別動手，再往前一點，到那裡去割吧！」於是，他們走到下一塊大麥田。士兵們下田把莊稼收割後，捆成一束，然後都放到馬背上。上尉說：「朋友，你把我們帶到這麼遠的麥田有原因嗎？我們最開始見到的那塊與這塊相比，是一樣好的啊！」老人說：「沒錯，就是一樣好的。可是，這塊田才是我自己的！」

誠信的人，首先想到的是別人而不是自己，正是他們讓世間的真善美傳播得更遠。

不要讓信任自己的人失望

世界的引領者，應該是那些堅強勇敢的人。生命會因為人的正直品格和旺盛精力散發出耀眼的光芒。他們的思想、精神、勇氣會被人們記住，並且作為激勵後人的榜樣流傳下去。

各個時代猶如奇蹟般的熱情都是精力在意志中產生的作用。任何偉大的行動都離不開精力，它是性格力量的源泉。勇氣是意志堅定者進行正義事業的保障。去見格里斯的行為遭到大家的反對，可是大衛依然勇敢地去做，他的行為就是一個很好的例子。

自信會引導人走出困境的泥潭。在一次遠航途中，凱撒的船隊遭遇風暴，船員們被驚濤駭浪嚇得手足無措。偉大的船長凱撒說：「有我凱撒在，你們沒有什麼好擔心的！」他的勇氣使其他人也振作起來。凱撒用他堅強的意志平息慌亂，激勵大家與風暴戰鬥。

在有堅強毅力的人看來，沒有任何困難可以讓他們止步不前。第歐根尼很敬仰犬儒學派代表安提西尼，他親自上門求見大師，提出要拜其為師。安提西尼斷然拒絕他的請求。第歐根尼毫不氣餒，堅持拜師。最後，安提西尼舉起棍棒要逐他出門。第歐根尼說：「我是不會放棄的，你的棍棒是不會比我決心更堅硬的。我任憑你打。」看到他如此堅持，安提西尼被感動了，最終將其收入門下。

只有才華而無精力的人遠遜於兼具兩者的人，精力會讓人變得堅強而上進。活力、力量都是精力供給的，它讓人有實際的行動。人具有精力和智慧，還有忍耐，堅持不懈就可以成就任何事情。

那些成功的人裡，有些人沒有出眾的能力，可是他們身上往往具有了不起的精力。不是只有天才才可以影響世界。有些人依靠持之以恆對信仰的追求，在堅定的決心和不衰的精力協助下影響世界。歷史上有許多例子可以證明，穆罕默德、馬丁・路德、諾克斯、喀爾文、諾亞納和衛斯理的事蹟都可以佐證。

面對困難時，只要你具有勇氣、精力和毅力就可以闖過它的關卡。勇氣會讓人無畏地面對困境。對於法拉第，丁達爾這樣評價：「他的決心產生於激動和興奮的時候，冷靜的思考讓他更堅定決心。」

具有堅強毅力的卑微之人，也可以摘取甜美的果實。對別人的依賴是沒有意義的。在米開朗基羅的一個庇護者去世時，他這樣說：「諾言這種東西都是不可靠的東西，相信自己，開創自己的道路，實現自己的價值，這樣才是最適當、保險的方法。」

柔和與勇氣不會衝突。柔和不是女人的專利，男人身上的不會比女人的少。查爾斯・納皮爾和威廉・納皮爾兄弟倆都不會嘲笑和戲弄別人，他們的性格都很溫柔。納皮爾的傳記有這樣一則小故事。

有一天，他出去散步，走到弗萊西德附近。在那裡，看到一個五歲大的小女孩在路邊哭泣，他走上前去問明原因。這個孩子在給父親送飯回來的途中摔破碗，因為害怕回家受到責罰，在路邊擔心得哭了起來。

小女孩看著這個好心人，突然之間有希望，天真無邪地說：「你可以幫助我把碗修好嗎？」他有點一籌莫展，他不會修碗也沒帶錢出門。可是他想幫助這個女孩，他告訴孩子，明天同一時間他會買一個碗送來，讓她母親不要責罰她。這個孩子放心地回去。當晚，他在家收到邀請函，要他在明晚參加巴斯家舉行的宴會，宴會上有一個人是他渴望見到的。為此他猶豫了，可是考慮到去的話會趕不上與那位女孩的約定，他還是婉言拒絕邀請。他是這樣告訴孩子們的，他說：「我不能讓信任我的人失望。」

對於查爾斯・納皮爾，詹姆斯・奧特朗稱他為「印度的貝亞德」。在印度，貝亞德是勇敢和溫柔的象徵。納皮爾尊重婦女、關愛兒童，他與邪惡抗爭。對於那些誠實和正直的人，他會表達無比的敬意。他是一個真正高潔的人，坦蕩為人。福爾克・格富維爾這樣評價：「他的崇高精神是無人可以與之比肩的。他勇於開拓，善於改革。他勇敢和正直地採取行動，讓他的行為都顯得偉大。他的目標就是為了人民的幸福。他會把自己的一切奉獻給自己的國家和國王。」

在普瓦捷戰役中，愛德華王子取得勝利。在晚宴上，他熱情招待兩個俘虜——法國國王和王子，他親自服侍這兩位俘虜用餐。法國國王和王子被他的騎士風度和恭敬的態度感動。愛德華無愧於勇士的稱號。他是騎士精神的象徵。他以「高尚的精神和誠摯的服務」為座右銘。他的傑出品格也由此表現出來。

超越自己，不要失去道德

道德和勇氣是一個人抵禦社會不良影響的基礎。

格蘭蒂夫人的影響力比她的名氣大。我們的社會，女人往往比男人更容易被階級的道德規範束縛。習慣的禮儀存在於所有生存環境之中，都有各自的一套，你必須遵守所在階層的禮儀規則和習慣，風尚、習慣、意見都會把人束縛住。

很少有人可以從黨派和生活圈子中跳出，他們大多缺少勇氣，因此也就沒有獨立思考的行為能力。他們在自己禮儀交流的階層裡，為了達到符合習慣的規則生活，他們哪怕要為此破產和痛苦，也必須講究吃穿。

時髦已經被變得不正常。人們在公共場合和私生活中都表現出道德的軟弱。窮人如今也和富人一樣勢利。現在那些勢利小人不僅對上級欺騙，而且對他們的下屬也是滿口謊言。政治上的權力也給了人民，所以對待地位較低的人民也需小心哄騙了，這種現象也變得普遍起來。沒有人會喜歡事實的真正面目，為了求得人民的支持，他們會把一些讓人產生同情但是沒有可行性的觀點摻入其中。

我們沒有重視那些極富教養的品格高尚之人，過多地去迎合那些散漫、道德低下的人，一味追求這類人的支持。因為這些人佔有大量選票，所以顯貴和富裕的人們為了當選，愚昧之人也會成為其奉承的對象。他們寧願拋棄正義也要獲得大多數人的支持。這進而使得人們屈從於不道德的行為，變得諂媚，沒有骨氣。與之形成鮮明對比的勇氣、高尚就難於被人們所具有了。這些怯懦的人只會隨波逐流，只有那些具有勇氣的人，才可以與困苦的磨難進行鬥爭。

諂媚大眾的低下行為正在當下變得流行起來。在這種潮流的影響下，公務員的良心也變得混亂，品格也越來越低下。當今社會，在人前一副表情，人後又是不同表情的人不在少數。人們在黨派鬥爭裡會不停地改變立場，為了利益連偽善的人也願意接納，而且還有越演越烈的趨勢。

如今，社會上也滿是道德上的卑怯。高層的虛偽與得過且過必然會讓下層人民受其影響，最後整個社會都變得一樣卑劣。一個壞的榜樣是不會教出好學生的，下層會把上層的膽怯承接下來，他們也會變得沒有說真話的勇氣，變得心口不一。

現在人們利用威信來反對別人，而不再作為自己受到愛戴的榮耀。在俄國，人們傳頌一句格言：「在榮譽之中，那些有骨氣的人也是無法挺直腰杆的。」對名利過度追求的人都是軟骨頭，他們可以為了名望向任何人下跪，他們沒有羞恥之心。

我們現在對於赫爾普斯在一八四五年出版的書裡的意見仍舊可以體會出一些道理。他說：「文學所宣揚的階級仇恨是一件很可悲的事情。那些對階級仇恨的渲染是非常讓人擔憂的事情。法國小說在某位偉人眼裡是充滿絕望的文學……對那些怯懦的人造成影響是一些文人很樂於見到的。當他們認識到自己觀點的狹隘時，我認為，他們就不會如此做了。勞動人民自己會被這樣的作品所毒害。勞動人民不僅需要食物和衣服，還需要健康的思想，後者往往是真正關心他們的人所給予的。我們要給予人民自立的信念，讓他們認識到可以透過努力來改善生活。這樣才可以讓人類的智慧得到最大的釋放，進而有勇氣把現在下層人聽不到的真相說出來。」

那些正直人心中不會認同靠欺騙、低俗以及仇恨建立起來的名望，他們會認為這種人民擁戴的名望是卑劣的、可憎的。對於一位著名的公眾人物，傑瑞米・邊沁是如此評價的，他說：「他的政治綱領沒有愛，只有仇恨。裡面滿是自私與對社會擯棄的感情。」傑瑞米說的這種人在社會上有很多。

道德也會影響一個社會的法律建設，對於社會的安定繁榮具有重要的意義。

仔細地花每個便士

一枚最小的硬幣——一便士，這樣一個小銅片有什麼用？它可以買到什麼？一盒火柴或半杯啤酒，或是碰到乞丐時，隨手給了乞丐。但是，如何利用這一便士，卻關係到每個人的幸福！

如果一個人很努力工作，而且他的待遇也不錯，但假如他不會花錢，讓自己辛苦賺來的那一枚枚便士用到一些本可不必開銷的事物上，他會發現自己努力工作，生活卻和一個體力勞動者差不多。相反，如果他珍惜自己賺來的每一枚便士，每個星期存一些錢到銀行，把另一些錢交給保險公司，再把餘下的錢交給妻子，用作日常生活開支，他會發現自己因為對這樣的小事做好安排，得到很大的回報——自己不再會「月月光」，生活不再窘迫，家庭生活也很滿意，更不必為將來擔心。

儲蓄都是慢慢累積的。「不積小流，無以成江海；不積跬步，無以致千里。」一個便士看起來不起眼，但是累積到一定的數目，就可以變成一英鎊（一英鎊＝二十先令＝兩百四十便士）。存下一便士，就為存下一英鎊開了個好頭。假如你已經累積一鎊，就表示你可以舒適、自立地過一段時間。但是，我們的錢必須來自正道。人們常說，靠誠實的勞動賺來的一便士，都比別人給的一先令要強。蘇格蘭諺語說：「別人施捨的酒，總比不上自己賺來的酒香。」透過正道賺來的錢，即使賺來的這枚便士上面都是灰，它也是乾淨的；不是透過正道賺來的錢，就算它的表面很乾淨，它也是骯髒的。

歐文先生是一個宣傳家，也是工人的好朋友，經常講某人不節儉，但是後來那個人在妻子的影響下，變得勤儉節省的故事。歐文說的這個人，是曼徹斯特的一個棉布印染工。印染工大婚的那天，他的妻子要求他，在婚後的日子裡，每天給她一品脫啤酒的錢，作為她的私房錢。他是一個酒鬼，一喝醉大腦就不清楚，但是他希望有一個頭腦清醒的老婆，因此他答應妻子的這個請求。他工作很努力，但是，他始終改不掉自己的老毛病——嗜酒，下班後的他幾乎一直待在酒館裡。

他每天可以喝二到三夸脫（一夸脫＝二品脫＝一．一四公升）的酒，但是他沒有忘記自己的諾言，每天都會給妻子一品脫啤酒的錢。因為他經常在酒館，如果哪天妻子想要讓他早點回來，就要欺騙他，才可以讓他提前一兩個小時回來。

不知不覺中，兩人已經結婚一年。在他們結婚一週年紀念日的那天早上，丈夫很慚愧地對妻子說：「瑪莉，自從我們結婚以來，我們都沒有好好玩過，也沒有休息過，你甚至連娘家都沒有回去；我現在想要帶你去看看你鄉下的媽媽，可惜我現在手頭上連一便士都沒有。」

「約翰，你真的想帶我去嗎？」她問。此時，她高興得流下眼淚，因為他很少會說這樣關心自己的話。「如果你想去，我有錢。」

「你有錢？」他嘲諷著說，「你怎麼可能有錢？難道你發了橫財！」

「沒有，」她說，「你忘了那『一品脫啤酒』嗎？」

「什麼？」他說，「一品脫啤酒！」

說完，妻子拿出三百六十五枚一便士的硬幣，那是她積攢一年的收穫。這個時候，約翰才明白，這些錢現在已經有四英鎊四先令六便士。她把錢交給他，然後大喊：「約翰，你很幸運！」

約翰大為吃驚，震驚之餘，突然覺得自己在良心上過意不去，因此他一下呆住了，不肯要那些錢。過了一會兒，他才說：「這些錢是你的私房錢，我不能用！」

強烈的羞恥心讓他無地自容，自此之後，他果然不再亂花錢。結婚週年紀念日那天，他陪著妻子一起去看他的岳母。回家之後，他和妻子經過研究，進行幾個投資。最後，他們相繼開了商店和工廠以及貨倉，買了馬車，還住上鄉間別墅。後來，那個人好像還當上利物浦市長。

作為一個妻子，當然要像以上說的那樣，想辦法讓自己的丈夫走上正道。但即使是地位不高的工人，也可以透過自己的行為來影響別人。他可以告訴別人，告訴自己的夥伴，我們要勤勞、忍耐和友愛，告訴他們拋棄那些感官的誘惑。如果能這樣做，早晚有一天他會富裕起來的。假如能這樣做，他的行為甚至可以和一個高尚的作家相媲美。如果社會上多幾個像這樣能產生中流砥柱作用的人，整個社會都會受到他們有益的影響。例如：他可以做一場報告，稱頌這些有意義的事情，很多人會跟著這麼做。

一個人的道德品格和社會地位，可以從他的日常生活中看出來。例如：有兩個人在同一個部門上班，他們的薪水一樣多；但是他們在部門裡，一個受到別人的尊重，另一個得不到別人的尊重。兩個人的差別還不止如此，還有更大的差別：一個人看起來是自由自在地活著，另一個人看起來卻像是帶著枷鎖的奴隸；一個人住在整潔的樓房裡，另一個人住在茅草房裡。

這兩個人的工作是一樣的，薪水的數目也是一樣的，為什麼待遇卻如此不同？因為一個人勤勞而細心，另一個人懶惰而粗心。

一個人拿到薪水以後，會交給妻子，他的妻子會很好地安排這些錢；另一個人的生活習慣很不好，不知道節儉，錢都浪費了。一個人很關心自己的家，認為家才是最溫馨的地方；另一個人一點也不關心自己的家，他把賺來的錢，基本全花在自己的吃喝玩樂上。一個人生活態度積極，另一個人生活態度消極。一個人的生活方式簡單而舒適，另一個人的生活方式沒有規律，時好時壞。一個人喜歡讀書，喜歡思考，並且因此而保持聰明的頭腦。

一天晚上，兩人在下班回家的路上，開始這樣的對話：

「嗨，我的朋友，」不受人尊敬的那個開口了，「你是怎樣使你的家庭有這麼好的生活條件的？而且在這個基礎上，你還可以把一些錢存到銀行裡。我們的薪水一樣多，我的孩子還沒有你的多，可是我的孩子們每天都吃不好，你的孩子卻吃得有滋有味。你可以告訴我，你是怎麼做到這一切的？」

「當然，我可以做到這些，我會仔細地花每個便士！」

「蘭森？就是因為這個嗎？一個便士，簡直難以置信！」

「這也是花錢的『全部奧秘』。這個秘密很簡單，但是卻有很多人不知道，例如傑克你就不知道。」

「我？你說我不行！好吧，你是怎麼做到的？」

「現在我把一切都告訴你。但是，我說的話有可能你不會接受，還請你見諒。先說酒，我在喝酒上是不花錢的，一毛錢都沒花。」

「不花錢？你喝酒不付帳？還是拿別人的酒喝？」

「沒有！因為我喝的是水，所以花不到錢。因為，喝酒只要有第一次，就有第二次，還是不喝為好。我不想去花錢喝得爛醉，而是選擇把錢存起來。喝白開水就好，對身體也好，而喝酒對身體也很不好，而且喝水不會讓我陷入麻煩中。在喝酒這一點上，你就比我多花很多的錢，因為你每個星期比我多花大概半個克朗（一克朗等於二十五便士），一年就要七英鎊。七英鎊可以做什麼？可以給我的孩子們買新衣服，看看你自己吧！你看看你穿的是什麼垃圾，你的孩子更是連鞋都沒得穿。」

「說遠了，我們還是回到剛才的話題上。我喝酒沒有你說的那麼多，我只是有時候會喝上半品脫酒，一星期加在一起是花不到半個克朗的！不知道你是怎麼算的？」

「你現在算算，你上個星期六晚上喝酒花了多少錢？」

「我想一下，先是和約翰喝了半品脫，後來大衛來了，他說自己要去澳洲，因此我給他餞行，又喝了半品脫，後來就回家了。」

「你在那裡一共喝了多少杯？」

「忘記了，我怎麼可能記得？當時喝酒的時候周圍一片混亂，而且喝酒的時候本來就會記不清楚！」

「你說不上來了，你知道嗎？你的錢就是這樣不清不楚地花光的，當你的錢花完的時候，你總是回憶不起來，你自己都做了什麼。」

「你就是這樣才過著舒服日子的嗎？」

「每個便士都要花在有用的地方，這就是全部的秘密。因為我做到了，你沒有做到，所以我現在有舒服的生活，但是你沒有。是不是發現這個原因原來很簡單？」

「是的！但是，我覺得簡單到了不能稱為原因的地步，這也太簡單了。」

「為什麼我可以使我的家庭過得舒適，還有剩餘的錢存進銀行，但是你拿同樣的薪水，卻做不到這一點？你剛才就是這樣問的。身上有錢的人，才會更有膽量生存，也有條件生存得更好。錢是靠一點點地累積起來的。我努力工作，當然你工作也很賣力，我之所以這樣，就是因為我不想在喝酒上浪費一分錢，而是把這些錢拿出來一部分，把它們存到銀行。把錢存起來，以備不時之需，因為我們有時候會碰上一些意外。傑克，你要轉換自己的思想，你應該這麼想：無論如何，我不能讓自己的身上沒有錢，不能去乞討或去做苦力。如果身上連一個便士都沒有，只能像奴隸一樣活著。」

「但是，如果我們的社會地位可以提高一些，就不用過這樣艱難的生活。」

「傑克，你還在執迷不悟。就算你的政治權利提高了，你可以把已經花掉的錢重新拿回來嗎？你的政治權利，可以讓你用你浪費在啤酒上的錢，給孩子買一雙鞋子嗎？你的政治權利可以讓你的妻子比以前節儉又或是使你家的廚房更乾淨嗎？可以把你衣服上的洞補上嗎？可以讓你孩子髒兮兮的臉變得乾淨嗎？朋友！不會的，這一切都不會的。我們要爭取政治權利，但是，政治權利無法改變我們的習慣。如果我們現在擁有良好的習慣，我們現在就是自由的人，而不用去依賴別的什麼，前提是你願不願意這樣做。傑克，希望我的這個秘密能對你有所幫助，只要你可以利用好每個便士，你就可以累積到一定數量的英鎊。」

走到巷尾的時候，傑克說：「晚安！」之後，他朝他那間位於梅恩區、簡陋又骯髒的屋子走去。

我們來看看他的家是什麼樣子——那幾乎不能稱之為「家」。屋裡四處都是破爛和垃圾，他的孩子們都髒兮兮的，他的老婆正在咒罵什麼，看起來就像一個潑婦。蘭森的住所正好與此相反，裡面乾淨而整潔，看起來既溫馨又舒服，蘭森下班後和孩子圍坐在一起，他的妻子雖然滿手都是工作磨出的老繭，但是屋裡的一切都被這雙手收拾得井然有序。

這就是最主要的秘密。直到現在，蘭森關於花好每個便士的秘密，仍然對我們有重要的啟迪意義。但是，他還沒有把自己有一個幸福家庭的原因全部告訴傑克。

還有一個重要的原因，是因為他有一個好妻子，而且蘭森的妻子，正好適合他這樣的工人階層。要不是有妻子，根本就沒有節儉和家庭的幸福。作為一個工人的妻子，比其他人的妻子肩負的責任更重大，因為她不僅是妻子，還要照顧一家人，打掃家裡的環境，還是家裡的僕人。這些工作，都要她一個人做。一天存一個便士？每個人可能都會這樣想——有什麼用？一個便士確實沒什麼用，但是，一天一個便士地累積下來，也是一筆不小的數目，可以在一定程度上使自己的家庭，可以充分應對一些突如其來的意外。

一個有遠見的協會，我在這裡不提這個協會的名字，因為只要是有些見識的協會，都做過這個方面的工作——研究一天存一個便士對自己未來的生活會有什麼影響：

一、對於一個二十六歲的人來說，一天存一個便士，可以保證他在生病期間，每個星期得到十先令的保險金。

二、對於一個三十一歲的人來說，一天存一個便士（到六十歲的時候），他在去世以前，至少可以得到五十英鎊。

三、對於一個十五歲的人來說，一天存一個便士，他在死後可以得到一百英鎊，但是這筆錢只有在他死後才可以給予，也就是只能作為遺產留給兒孫。

四、對於一個二十歲的人來說，一天存一個便士，可以保證在六十五歲以後，每個星期得到十先令的養老金，每年可以得到二十六英鎊的養老金。

五、如果一個人從嬰兒開始，一天存一個便士，在他十四歲的時候，他的父母會得到二十英鎊。

儲蓄不是保守的行為，這是一種投資理財的方法，將收入的一〇%變為儲蓄，過不了幾年，經濟就會慢慢寬裕起來。

—第四章—

你的選擇，決定你的前途

無數無關命運的選擇決定一個人的前途。選擇決定你前進的方向，如果選擇的方向不對，即使你再怎麼努力，也不可能成功。

種下善良，收穫感動

每個人心裡都有一顆善良的種子，種下善良，收穫感動。瑪麗·安尼·克拉夫是一位女工，她是格拉斯哥人。她和萊克斯比起來要不起眼得多。在萊克斯任職報刊編輯時，她只是一個工廠裡的打磨工。但是她有和萊克斯一樣的偉大創舉，她用女性特有的善良和愛心，給別人的心靈帶來溫暖。白天的工作是保證她可以有穩定的收入來維持生活，等到工作結束以後，她的善行也就開始了。克拉夫的工廠裡有許多小男生，他們都是童工。貧窮的生活讓他們過早地離開學校，缺少管束的他們十分容易走上危險的道路。女工們很疼愛他們，大家努力幫助這些孩子回歸正道。克拉夫說：「我會竭盡全力，讓他們變成一個善良的人。」

於是，她開始行動。首先，經過她的不斷請求，工廠終於分給她一間地下室，作為活動中心。在一八六二年的六月，某個星期日，地下室開始正式接納男孩們。這些衣衫襤褸、灰頭土臉的男孩們原本在休息時間裡都是無所事事地玩樂，現在女工們教導他們識字讀書，個人禮儀和衛生，還有宗教。克拉夫對男孩們就像是自己的孩子一樣，不管何時，只要他們有求於她，就會得到她的幫助。

她把自己的全部休息時間都奉獻給男孩們。每天下班後她會依次去拜訪男孩們的家長，用她的耐心、仁慈和正直，說服家長們改善孩子的生活環境。經過一段時間的教育後，這些男孩明顯改變很多，他們不再滿口髒話，舉止猥瑣，而是彬彬有禮地待人接物，他們已經和同階層的孩子有很大的差距。在工廠裡，人們稱呼他們為「瑪麗・安尼・克拉夫的孩子」。

古斯瑞博士說：「我們有無數品格高尚的教徒，他們的名聲和威信比克拉夫高得多，但是他們浪費大量人力物力，其成就比不上克拉夫所做之事的十分之一。她日常生活和教徒無異，也是每日三次反省，但是她有比常人更堅毅的信念。工廠晨鐘響起第一聲，她就匆匆起床，天色仍然如墨一般黑，她走過空蕩安靜的街道趕往工廠勞動……晚上她又為自己的善行奔波，幫助困難的人。在這個過程中，她也受到一些挫折，可是她從來不喊累，把苦楚埋藏在心中。」

瑪麗・安尼・克拉夫的善行一直維持三年多，由於她的身體日漸衰弱，她不得不讓別人來接替自己的工作。她不知道的是，自己的行為在經過長時間的沉積後已經結出豐碩的成果。在一八六五年，「格拉斯哥男工協會」正式創立。此後短短六年時間，協會就吸收一萬四千個成員，並且協會裡有兩百多個鄉紳和一千五百個理事，他們打點協會的一切事宜。鄉紳們在城市裡舉辦很多場針對年輕人的演講，他們為改變年輕人的生活做出巨大的努力。協會還和主日學校相互合作，向年輕人宣揚宗教知識。為了合理計畫開支，協會在其他宗教協會和大銀行的支持下開辦一些銀行和金庫。每個星期六，人們都可以參加由協會舉行的音樂派對，讓大家有更多的機會相互交流學習，進而避開烏七八糟的生活。讓人驚訝的是，協會裡只有少數一些擔任職務的教師，其他人都是自願加入協會，他們是在用自己的善良幫助別人。

協會還組織孩子們在暑假去鄉村度假，由協會理事帶領他們。通常選擇的地點都是在因維勒雷公園，它的主人是阿基爾公爵，協會的名譽會長。我們得知這個協會的善行正是在他們的暑假活動中。現在，協會的活動內容已經比原來豐富很多，涉及的領域也比以前要多，但是它的名字依然沒變，仍然是「男工協會」，人們只要一聽到它的名字都會讚不絕口。希望它的範圍可以擴大到全國，但是現在僅限於蘇格蘭境內的愛丁堡、格林諾克、阿貝狄和丹地地區。協會在任何地方都會有不可估量的發展潛力，但那些工業發達的北部城市怎麼沒有人組織起來？

生活中有善良，就像生命中溢滿陽光，善良的人，一定是溫暖的人，他們樂於助人，用言行照亮人們前行的腳步。善良裝點的世界，讓人生多出很多美好，讓我們播種善良，傳遞溫暖，讓每個人心中有愛，讓生命無悔。

你當善良，且有勇氣

勇氣，有助於一個人品格的形成。真正勇敢的人，擁有寬廣的心胸。

在納斯比戰役中，費爾法克斯讓一個普通士兵保管自己繳獲的敵人軍旗。那名士兵因為這面軍旗而異常興奮，被榮耀沖昏頭。可是在得知此事後，費爾法克斯卻說：「我的榮譽已經很多了，就當作送給他的禮物吧！」

在班諾克本戰役中，看到戰友藍道夫吃力的戰鬥，道格拉斯準備過去助陣。可是在看到藍道夫擊退敵人以後，他停了下來，對部下說：「我們不需要過去了，現在他該獨自品嘗這份艱苦戰鬥後的勝利之果。」

做事的方法影響許多事情的成功。人們會把無私的行為當成友善的信號，那些抱怨的舉止會給人留下小氣的印象。國王在班・強生被貧窮和病痛折磨的時候，給他微薄的祝福和賞錢。這位堅強而率真的詩人說：「他就這樣因為我住處的簡陋而送我微薄的東西。他的靈魂只是小巷裡的一員，我會讓他明白這一點。」

品格的形成會受到持久勇氣的影響，會讓生活變得幸福和具有意義。人們會因為膽小和懦弱的性格走向人生的悲劇。無所畏懼的習慣，是聰明人教導子女的主要標準。因為勇氣也如勤奮和專注的習慣一樣是可以教導培養出來的。

實際生活裡，不會出現人們想像中的恐懼現象。那些假想的可怕情景，會讓那些與現實苦難勇敢鬥爭的人變得軟弱。要是無法控制想像，那些由想像生成的負擔，也就只能由我們自己來背負。

堅強的性格會在精力充沛的行為裡鍛鍊出來。對於這一點，人們是認同的。想要養成果斷抉擇的習慣，只有不斷地鍛鍊性格。意志會由於性格缺少鍛鍊而易於被邪惡蠱惑。到了那個時候，也就失去善德。決斷會在你面對阻礙時給你堅定的力量。你只要在邪惡面前表現出一點軟弱，它就會把你引誘到罪惡的深淵。

一定要自己決斷，別人的幫助會對你產生危害。要學會自己獨立做出決斷，哪怕在危難時刻，也不要把希望寄託在別人身上。對於一個馬其頓國王，普魯塔克在談到他的時候說：「部隊在一次戰鬥中，退守到附近的一個小鎮。在那裡，祭祀海克力斯向神靈尋求幫助。可是握著勝利之劍的敵人埃米利烏斯，在他尋求幫助的時候攻過來，最終靠自己的力量贏得勝利。」

這樣的道理也適用在人們日常的生活裡。許多人永遠在做準備，沒有實際行動，勇氣也是他們嘴裡的一個詞語而已，他們把行動的計畫擱置在一邊。這都是缺乏決斷力引來的後果，說永遠不如做得好。

冗長的發言在所有情況下都不如迅捷的行動有效。迪洛生說：「有些事情是必須去做的。它們只要快速地決斷，因為事情大多很明瞭，可是那些遲疑的人依然無法決斷。新生活必須要靠具體的行動來建立。一個人如果不起居飲食，只會讓自己的身體受到傷害。」

如何履行職責？

「狹路相逢勇者勝」，光鮮的舞台總是屬於那些精力充沛敢於競爭的人。一個人只有具備昂揚的鬥志、不可摧毀的決心，並且恪盡職守，擁有可以在重要時刻為崇高犧牲的品格，才可以稱其為真正的人。這就像古代的丹麥英雄一樣，那些英雄具有堅忍不拔的意志，行動起來勇敢，毫不遲疑，他們對於自己的職責永不放棄。上帝賦予每個人意志作為禮物，我們每個人都要對此加以合理地利用。在布萊頓，羅伯遜在過去曾經誠懇地說：「那些只追求自己名譽和幸福的人絕對不會是真正偉大的人。人不要只想著自己，生活不能只是沉迷在世俗的欲望裡。人應該忠於職守。」

軟弱的意志和猶豫的性格，會阻礙人們履行自己的職責。人們的內心是被矛盾包裹的，有道德的良心，也有自私的貪心；有慈愛的一面，也有放縱的一面。這些人性裡的矛盾真實地存在，這些矛盾會讓那些意志軟弱的人變得舉棋不定，無法行動。

對於人的意志力來說，出現遊移不定的情況也是存在的，自私的心或是感情的欲望會在意志軟弱者心裡膨脹，最終主宰他們的人生。那些高尚的品格也會從這個人身上消失，他已經失去自己的個性。這個人也終將被墮落的情欲所掌控。人會在時間的流逝中逐漸成為感官的奴僕，最終將無法逃脫其掌控。

想要形成良好的道德和做到真正的道德自律，就要嚴格遵守內心的條例，迅速地將道德良心加以實行，對待本能的欲望，要堅持不懈地予以抵禦。想要養成良好的習慣，並且自覺地完成自己的職責，就要擁有不屈的意志和持久的精神。好的習慣是一筆珍貴的財富，而且它永遠不會枯竭。

在意志力的作用下，勇敢並且優秀的人，會永不放棄地奮鬥，面對世間風浪的考驗，他會勇於承受，最後，形成自己高尚的品格。可是那些行為和道德敗壞的人，卻與之相反，他們身上道德良心無法產生作用，對於自己的欲望和感情，他們會越放縱，火一樣熾熱的激情和熱情終會被熄滅，他將變得無法挽救，成為一個道德敗壞並且被惡習影響的人。

對那些意志軟弱的人來說，想要達到自己的目的，是不可能完成的任務，他們沒有具備那種力量。只有靠自己努力的人，才是一個坦蕩的人，對於他們來說，別人的影響是不重要的。別人不能成為自己行為的主人。要讓自己的思想掌握在自己手中，堅持守信的原則，對於感官的誘惑加以抵制，不參與惡行，對那些行善之舉，要積極地參與其中。人要學會自立自強，凡事要靠個人的努力去完成。人自己的選擇決定他是成為一個道德高尚、自由、純潔的人，還是成為一個卑鄙下流、道德敗壞的人。

愛比克泰德這位古羅馬的哲學家，原本是一個奴隸。他留下許多飽含智慧的格言贈予後人。他說：「對於自己所扮演的生活角色，我們無法自主選擇，盡力飾演好自己的角色，這是我們唯一的職責。與執政官相比較，奴隸也是同樣平等和自由的。沒有什麼比自由更珍貴，自由才是真正的幸福。其他的一切，也必須在擁有自由後才可以感受得到。**幸福不是劫難，也不是紙醉金迷的生活，對於這一點，人們應該有明確的認識。**」

「幸福在米諾斯和奧菲斯看來，它不是力量，也不是勢力。幸福在克洛諾斯眼中，不是財富的象徵。權勢也不是執政官眼裡的幸福，可是實力、權勢和財富，它們在尼祿、薩達那帕拉和阿加曼農看來，都代表幸福。他們在無法改變命運時，只會哭泣和慌亂，他們讓自己成為受人控制的玩偶。幸福來自於平靜的心和真正的自由，它是人心的一方淨土，它需要自己親手耕耘。人們想要獲得真正的幸福，必須戰勝恐懼和憂慮。在自治並且祥和的氛圍裡，幸福才會產生。心靈只要可以平靜並且滿足，哪怕一生需要經歷貧困、淒苦、疾病和死亡，也可以得到真正的幸福。」

所有這些，都離不開信仰、勇氣、謙虛，還有大公無私。所有人都在誘惑的纏繞下，想要戰勝這些誘惑，我們只要拿出堅定的信仰和無畏的勇氣就足夠了。我們的正派作風和愛心都是責任所要求的。各種形式的自私、殘忍與壓迫都是正義所不能容忍的。只有堅信邪惡終將會被正義打敗，這才是忠於上帝的表現。在埃倫，厄斯金先生這樣說：「所有邪惡都被轉化成善良的東西，這就是善良戰勝邪惡的表現。也就像光明取代黑暗，欺詐者都變成守信的人。」

有時候，最善良和勇敢的人也會感到遲疑和軟弱，他們的信仰變得不再堅定，可是他們要是非常勇敢，並且極其善良，他們就可以憑藉重要的信條站起來，擺脫消沉感情的影響。對於天地萬物是被上帝合理地安排這一點，我們必須堅信。對於無法更改的秩序，每個人都要學會服從。上帝不會作惡。所有人都是我們的兄弟，對於他們，哪怕其中會有人傷害到我們，我們也要關愛他們，並且讓他們過得更好。

對否定的方法能帶來好處這一點，沒有人會表示同意。否定只會破壞，不能建設，對人們來說，這是沒有好處的。對我們較好的一面，它會進行摧毀，忠誠與希望在它的作用下走向毀滅。陳腐的責難不會擊敗惡行，只有積極並且可行的真正善行才可以戰勝它。

在信仰的領域，科學也取得勝利。牛頓可以在大自然中尋求到運動定律的秘密，他絕對不是依靠否定的幫助。克卜勒、道爾頓、法拉第是在信仰的指導下辛勤工作。普理查教授說：

「老赫雪爾不是出於懷疑，而是憑藉信仰，才在一個令人討厭的生活圈子中接受他姐姐的照顧，這種生活直到他製造反射望遠鏡，並且相信可以在適當時候藉此瞭解天空的構造以後才結束。他的天才兒子，抱持同樣的自信，把自己流放到遙遠的南方，他在那裡待了很久，直到完成父親最初的工作，在那以後，他才回到家鄉。他還用了數十年的時間寫書，最終完成《天文學綱要》，進而在科學歷史上銘刻下父子兩人的名字。」

我們會在否定的引導下，走進沮喪和絕望的深淵。一切信仰都會被我們懷疑，最終除了自己和我們的享樂以外，沒有值得相信的存在。除了自己以外，一切在我們看來都是自私、黑暗和讓人迷惑的，人格已經被丟棄，靈魂也失去方向。遵守自然的律法，才可以估算出我們生命的價值，必須在這條道路上尋到自由才可以獲得真正的生活。

在以前，一個人躺在病床上，他問自己：「在一生中，我做過哪些好事？誰的心因為我而變得愉悅？誰的悲痛讓我給予撫慰？我祝福誰的家庭？我做過哪些慈善的行為？我的生活，給這世界造成哪些改善？」

這些問題用語言來回答是空洞的。這個人從病床上恢復起來以後，他變得更聰明、更善良。從那以後，他就把自己，還有自己的財富都獻給慈善事業，也因此獲得許多行善的機會。

他在上帝的律法裡找到他需要的東西——意志和堅毅。永恆的愛是宗教的規定。希望和信仰與愛相比，後者更顯偉大。擁有愛就等於履行我們的所有義務，這一點，也是上帝對我們的唯一要求。

不向命運妥協，才可以有所成就

偉大的發明不僅來自於靈感，也來自於堅持不懈的努力。對於棉紡機來說，阿克萊特的地位就像蒸汽機之於瓦特，火車之於史蒂文生，他把那些散亂的結構重新給組合在一起使之成為一個新的構造。在阿克萊特的發明問世七年前，伯明罕的萊維斯·保爾也發明一台滾軸紡織機，並且為此申請專利，可是那個機器不如阿克萊特的完善，連正常有效地運作也做不到。可以說，那是一個失敗的發明。有一個技工叫湯瑪斯·海斯，他沒有什麼名氣，本行也是製造樂器的，他也發明紡織機，可是在事後證明，他的水力紡織機和珍妮紡織機依然難以運用。

在工業上，發明家面對新的需求，會想盡辦法地予以解決。這個時候，就會出現一些具有開創性的想法，蒸汽機、安全燈和電報等發明就是在這種情況下被發明的。在真正的聰明人出現前，很多天才都會被困在發明的突破口。那些真正的聰明人會在自己具有的豐富經驗指導下深入研究發明，在發明中，把所有人的思想都融合進去，並獲得成功的經驗。這個時候，新的發明也就誕生了。

與許多偉大的工程師一樣，理查・阿克萊特也是行伍出身。一七三二年，他誕生在一個貧窮的家庭，他是家裡十三個孩子中最年幼的一個。由於他家的貧窮，進入學校讀書也是難以實現的事情，這也讓他不會認字和寫字。他少年時期在理髮店做過學徒。他在那學會如何讓一家理髮店運作起來。這之後他就去了博爾頓，在那裡自己開了一家理髮店。因為經濟上的窘迫，他只能租得起地下室，理髮店也只好開在那裡，在他的看板上如此寫道：「歡迎光顧地下室理髮店，來這裡理髮很便宜，只要一個便士。」他逐漸擁有許多客戶。知道他的低價策略以後，其他理髮師也紛紛效仿，推出一便士的理髮價格。為了讓營業額繼續攀升，阿克萊特把價錢調到五分錢，以此來吸引顧客。他在幾年之後成為一個流動理髮師，也就此走出地下室。戴假髮是當時的潮流，他的理髮店重要的收入來源，就是製作假髮。為了生產假髮頭套，他四處採購頭髮，蘭開郡的周邊勞務市場，是他經常光顧的地方。在那裡，他從那些需要工作的婦人身上購買長髮。傳言他在討價上很有一套手段，總是可以用較低的價格，買到優質的頭髮。他做化學染劑的手法也很好，因此他的化學染劑銷路也不錯。

戴假髮的風潮退去了，因為需求量銳減，那些以製作假髮為生的人，生活開始變得艱難。在這種情況下，阿克萊特只能無奈地換工作，成為一個機械工。這也為以後機械發明家的誕生埋下伏筆。對於紡織機的研究，在當時是很熱門的事業，工作之餘，阿克萊特也進行這項研究。他因為對這項研究過於關注而忽視自己的生意，賠光自己的積蓄，生活變得困頓不堪。對於他的研究，他的妻子不予理解。在她看來，那樣不僅是浪費時間，也是浪費金錢。在她眼中，就是那項研究，讓自己的家庭變得窮困潦倒。有一次，夫妻倆大吵一番，在憤怒的情況下，她砸毀丈夫的模型，她認為藉此就可以讓丈夫迷途知返。可是阿克萊特是一個固執的人，他妻子的行為也把他的好勝心激發出來，他下定決心，不達目的絕不甘休。他也因為這樣而使家庭衝突重重，過了不久，他就與妻子離婚了。

後來，阿克萊特認識一個叫瓦靈頓的鐘錶師傅，在他的幫助之下，阿克萊特製作出永久發動機的部分元件。傳言阿克萊特之所以能注意到滾筒紡織機的原理，都是因為那個鐘錶匠的提點，可是還有一種說法是，他是在不經意間看到燒紅的鐵經過鐵軸時，鐵塊被拉長了，由此想到滾筒紡織機的原理。對於阿克萊特是如何獲得靈感這一點，我們暫且不去究其原因。我們只要知道，他是依靠這個原理進行機器的設計。阿克萊特為了自己的研究不再去理睬收購頭髮的營生，一心一意地撲在機器的製造上。普雷斯頓一所公費語法學校的門廳，就是他工作的地方。阿克萊特作為小鎮居民參加投票選舉。他當時窮得連件體面的衣服也沒有，在選舉大廳穿的衣服，也是鄉鄰們好心送的。在這個小鎮上，有許多靠體力勞動為生的人，對於自己的生活與工作環境，他們很不滿意。對於阿克萊特的發明，他們憂心忡忡，認為其有可能使他們的生活更窘迫。

喬治．凱萊的一生也是劫難重重，眾人因為他發明飛機而對他進行毆打，他也因此被迫離開蘭開郡，飛到威靈頓居住。阿克萊特也是一個可憐的人，一個暴民闖入他的工作間，一會兒就把他的珍妮紡紗機砸得稀爛。這樣的場景，令阿克萊特一直心有餘悸。他也因此採取明智的方法，把模型收藏到一個安全的地方。他在不久之後前往諾丁漢，向當地的銀行申請一筆貸款，用以繼續他的研究。萊特先生承諾給他一筆錢，約定在他發明成功以後，要從他的獲利中抽取分紅。與他們想像中的不同，紡織機還不夠完美，銀行為此提出要求，要他把斯圖亞特和尼德先生找來，由他們兩位對紡織機做個鑑定。斯圖亞特發明織襪機，他也因此申請專利。對於阿克萊特的發明，斯圖亞特先生當場就給予讚揚，為此還與阿克萊特成為合作夥伴，也因為這樣，阿克萊特的紡織機發明之路才變得平坦。在阿克萊特申請的紡織機專利上，寫著這樣的署名：理查．阿克萊特、諾丁漢、鐘錶匠。這是一七六九年的事情，在同一年，瓦特為自己的蒸汽機申請專利。在諾丁漢，建起第一家棉紡織廠，使用馬匹作為動力。過了不久，在德比郡的克羅姆福德，再次建起一個紡織廠，這個廠區遠大於上次的工廠，動力也換為水車，所以這個紡紗機也被叫作水車紡紗機。

可是在阿克萊特眼中，這個顯著的進展只是自己事業的起步。對於他的紡紗機，他還要進行許多細節上的改良。在他不懈的努力下，紡紗機最終被完善成一台實用和方便的機器。他的成功不是一段輕鬆的短途旅行，他也是在經過不斷的努力，以及耐心的研究後，才收穫果實。紡紗廠也在一段時間裡出現無利可圖的情況，那個時候，他投入的大筆資金都是毫無回報的。蘭開郡的廠商們，在他立刻就要獲得成功時，都為了爭奪紡織機的專利而爭鬥起來，他的專利被這些人撕毀了，這場景就像康沃爾的礦工在爭搶鮑爾頓和瓦特的蒸汽機利潤一般。這之中還有更過分的人，他們說：「阿克萊特是全體工人的敵人。」這些暴民和警察，連同軍隊一起砸毀他在查理附近建造的紡織廠。

雖然他的產品是市面上品質最好的，可是蘭開郡的人都不願購買，而且他們拒絕支付紡織機的專利使用費。為了維護自己的合法權益，阿克萊特在不得已的情況下拿起法律的武器。審判結果出來以後，在一家旅店門口，他與一些反對者不期而遇，有一個反對者對他高聲喊著：「這個剃頭匠，終於被我們好好修理一下。」阿克萊特冷冷地說：「你們別太得意，我的剃刀還可以讓你們一毛不剩。」他再次開設新的工廠，在蘭開郡和德比郡，以及蘇格蘭的拉納克都有他的廠區。由於斯圖亞特的合約到期，在克羅姆福德的工廠也完全收歸他來管理。因為其產品出色的品質，最終壟斷紡織品的市場，可以享有市場的定價權。除此之外，對於其他的棉紡工廠，他也擁有控制權。

阿克萊特是一個天生的生意人，他有不向命運妥協的不屈精神，對於經營很有一套，為人也老於世故。他在一段時間裡業務非常繁忙，早上四點到晚上九點忙於研究的專案，有時候還要經營工廠的營運事務。他已經是一個五十歲的老人，為了提高自己的寫作能力，他還要抽空學習英語語法。他一生的榮譽有：建造第一台紡織機，在德比郡擔任高級行政官，以及被喬治三世授予爵士的稱號。一七九二年，他走完自己的人生旅途。在英國現代工廠體系裡，紡織廠有舉足輕重的作用，阿克萊特相當於工廠體系的奠基人。他不僅為自己和國家帶來豐厚的財富，也讓工業社會有飛躍性的發展。

一個不懈努力的人，必然是不向命運妥協的人，無論多大的困難與阻撓，都會在一個人的堅持和決心面前讓步。一個不懈努力的人不僅會自己進步，也會影響和鼓舞別人的進步，進而影響社會的發展，尤其是那些科技發明者，正是有他們才有社會文明的加速發展。

自私會讓我們吃盡苦頭

自私自利、生性懶散的人，不會關心除了自己之外的人和事。他們在別人陷入困難的時候，總是擺出一副事不關己的姿態，心裡嘀咕著：「別人的事情與我何干？讓他們自生自滅，我不會發善心。在我困難的時候，也沒有人來幫助我。更何況，世界上需要幫助的人那麼多，哪裡幫得過來？這邊好了那邊又壞了，我不是基督耶穌，還不如隨他們自己發展。」

哪怕有人不幸死去，冷漠的人們也不會有所觸動。他們用百分之兩百的精力來關心自己的一切事情，這之外的事情他們都充耳不聞。要是有人和他聊天時說到那些困難的人們的時候，他就會大聲咆哮：「這不關我的事！我不想也沒有義務去幫助他們，自求多福吧！」這樣看來，懶散的人要稍微比冷漠的人好上那麼一丁點。

一個冷漠自私、不幫助和關心別人的人，上帝會給他應有的懲罰。例如：一個人對附近貧民窟的環境不聞不問，任憑汙水橫流垃圾遍地，等到某天貧民窟出現傳染病，病菌慢慢擴散直到他也感染的時候，他就會追悔莫及。要是有人覺得別人的貧窮和愚昧與自己無關，在遇到搶劫的時候就不要抱怨為什麼自己會遇上這種事情，也不要在交納「救助金」的時候唉聲嘆氣。總之，越是漠不關心，你付出的代價反而越大。

小事決定大事。多少人的漠不關心，讓原本的一件小事變得嚴重。「一顆釘子會導致馬蹄鐵的掉落，馬蹄鐵的掉落會導致馬不能正常行走奔跑，馬不能正常行動也就影響人的行動。」故事中的伽利歐就是一個冷漠自私的人，他對任何人的事情都沒興趣關注。可以預見，伽利歐的未來肯定會充滿坎坷。

雖然從政治角度來看，錢是老闆和工人之間唯一存在的東西，工作多少就給相應的薪水，這種認識也在經濟學中得到認同。但是站在道德和人性的角度來看，老闆和工人之間的關係應該還有某種東西存在。它以同情心為基礎，讓他們各自負有關懷別人和幫助別人的義務，進而找到他們各自在社會中的正確地位。人們之間應該相互關心，和諧相處。社會裡的每個人都值得我們去尊敬，這種態度是人類思想必不可少的組成部分，它決定社會的興衰。

席尼・史密斯說：「整個社會都是急功近利的人們，以致社會也被汙染了。人們冷漠的表情，即使碰到有人在他們身上割開一條口子這樣嚴重的事情，也不會有什麼變化。血會流下來，但是不要指望他們會叫喊一聲。社會上充斥自我主義，想要讓自私的人去關心別人？真是妄想。」

美好的品格不見了，我們該去哪裡找到正直、善良和誠實？拜金主義已經把它們驅趕出境。赫伯特說：「如果你尊重大家，大家也會尊重你，反之亦然。」在以前的社會中，工人和老闆互不尊重對方，但是這種情況沒有持續多久。英國工人的薪水多年來總是高於歐洲大陸任何一個國家的工人薪水，但是這種情況如今已被打破，工業的迅速發展讓每個國家的收入趨於平等。我們知道，世界將掀開新的一頁篇章。

新的世界需要人們拋棄過去的陳舊觀念，錢已不再所向披靡。個人的行為也不再是評判的最主要因素。心靈才是最重要的，它的好壞直接關係到我們的生活是否快樂。對此，彭斯說：

拋掉地位，丟棄身分，
也捨棄銀行裡的財富，
跟隨心靈去尋找一方樂土。
它不在書本中，也不在自然裡，
它存在於心靈之中。
如果我們在心靈中，
沒有找到它的蹤跡。

即使我們再富裕、強大，
也不可能變得崇高。

聰明的人告訴我們，不要以為誰的煩惱會比自己少，不管有錢沒錢，大家都是一樣。一味地追求金錢會讓人們喪失奮勇向前的奮鬥精神。拿到錢之後他會怎麼做？要是他只懂得賺錢，卻不知道如何管理錢財，錢對他來說就是一種負擔。例如：一位靠賣牛脂富裕起來的商人，他沒受過多少教育，對社會發展不怎麼關注，哪怕是在家周圍的樹林裡散步，他也很少做過。只有一件事情可以讓他充滿活力，就是每天到自己的商店裡看看生意。但是他即使再怎麼不懂得生活，別人還是會尊敬他，因為他的手裡握有能改變很多人生活的東西——金錢。他本可以用錢去改善流浪漢的生活，讓貧困的人們得到一點幫助，但是他從未這樣做過，他甚至不關心除自己之外的人，而金錢更被他看得比自己還重要。

欲望會毀掉我們的生活。你對生活要求得越多，你的煩惱也越多。簡單的生活可以排開一切不必要的累贅思想，讓人專心於自己的信念和心靈的追求。蘇格拉底說：「純粹的心靈會讓我們變得高尚。」烏爾比諾一直服侍雕刻家米開朗基羅，直到自己死去。臨死前，米開朗基羅不分日夜地照顧烏爾比諾，雖然他自己也已經垂垂老矣。他為僕人的死去傷心不已，於是寫信給朋友瓦薩利，說：「請原諒我的思緒過於混亂，親愛的朋友，即使這樣我也要寫信給你。我的僕人烏爾比諾去世了，我的心情高興又悲傷。因為他忠心耿耿伴隨我那麼久，他性情溫和，善良正直，我們的感情已經非常深厚。他是我的精神支柱，原本以為他可以繼續陪著我，不料他卻先我一步離開。但是我也很高興，第一，他經過漫長的一生，終於能去往天堂，他肯定會升入天堂。第二，他在服侍我的同時也教會我許多東西，他告訴我：人不應該對死亡懷有恐懼或埋怨，要自然、樂觀地面對它。」

狄奧尼修斯對人們說：「不管是男主人還是女主人，都應該把自己最好的一面展現出來，讓傭人知道你們是仁慈、公平、正直、富有愛心的人。說話時不要板著臉孔，或是語氣驕傲嚴肅。對於他們犯下的錯誤，不要斤斤計較，應該用仁慈的心去包容他們，也可以以身作則告訴他們那麼做是錯誤的。要知道，你的一言一行都會被神明看在眼裡。」

在奮鬥的時候，要記住這不單單是在為自己努力，凡事都要替別人考慮。生活中的每件事情都需要大家團結起來才可以完成，例如：家庭管理、社會監督。這些事情需要的智慧，不是一個人可以提供的，也不是光靠錢就可以解決。切記不要只顧個人利益。埃皮特土斯說：「自私自利、貪圖富貴的人不可能有關愛別人之心。」聖安東尼說：「生活就是要把我們變成一個富有愛心的人。」

從這裡我們可以知道，愛心是一個人必須具備的，它是一切美好品格的基礎。它就像一塊巧克力，獎賞那些做出貢獻的人。

奢侈生活帶來的惡果

社會有不可更改的發展規律，繁榮生活的背後是衰落的社會經濟，物價上漲，失業人數猛增，貧富差距變大。要知道，就算是至高無上的法老們，也不可能每天夢見肥美的牛肉。貝克先生說：「工人們普遍都沒有多少存款。那些失業半個月的人們已經沒有能力購買食物和日用品。」由此看出奢侈是一個危害生活和生命的劊子手，因為這些挨餓的人以前沒有養成節儉的習慣，導致現在落得如此窘迫的地步。所幸沒有工人舉行暴動，他們經常在當鋪裡用自己的值錢物品換來金錢，但是那些不夠生活，很多人不得不去政府和救助機構申請接濟金。

即使有些人沒有因為奢侈的習慣變得貧窮，但這只是少數，大多數人還是淪落為貧困潦倒的人，他們是社會的支柱，如果他們出現問題，整個社會也將發生變化。說到底，還是貪婪害了他們，生來貧困的人不一定永遠都是窮人，重要的是：要有一顆堅強的心，一種頑強奮鬥的精神，才可以讓日子越過越好。

一個城市有許多從事挖礦和煉鐵的工人，他們都有很高的薪水。羅瑞斯先生說：「這些工人的生活習性已經不能稱為是奢侈，可以說他們是非常莽撞和粗魯，不管是老人還是年輕人，也不管是否結婚，大家對金錢的態度都一樣，想怎麼用就怎麼用。他們在工作中也不是十分努力，還不時地給自己找理由來玩樂。就像錢不能待在他們身上，一定要花光，他們尤其喜歡舉行派對和聚會，派對的原因也是各種各樣，大病初癒也要慶祝，結婚就更要慶祝。但是他們也會做出一些讓旁人不解的行為，例如：會在困難時期進行禱告。但這無法改變他們奢侈的本性。一年又一年，大家發現自己仍然處於不穩定的貧窮和富裕之間。因為鋪張浪費的生活，他們在工作的時候意志消沉，家裡也無人管理，孩子們已經輟學在外，他們沒有錢的時候還要把值錢的東西拿去抵押，好換來錢繼續揮霍。漸漸地，他們的家庭敗落了，住房也因為疏於維修而越來越舊，房頂和牆壁上滿是破損的地方，門前的環境也骯髒無比，汙濁的空氣，短缺的水資源，這是多麼寒酸的一群人！都是因為他們的懶惰和奢侈，原本應該富裕和乾淨的生活被他們弄得一團糟，我想，沒有誰或是律法可以對他們進行約束，讓他們改過自新。」

為了讓窮苦人們可以過得輕鬆、富足一點，政府已經頒布許多改革措施。一些本該是下層人們交納的稅款變成由中產階級和高產階級來負擔，至於家庭事務則可以讓個人根據自身需要進行投票決定，政府還降低許多生活用品和糧食的稅費。但是我們不能以為這些措施就可以完全改變窮人們的生活，改變的關鍵在他們自己身上，要是他們對改革心不在焉，再好的措施也無法幫助他們。社會是因人而異的，好人會給社會帶來發展，壞人會讓社會越來越落後。

富蘭克林在評價工人階級時說：「要是勞動者的負擔只是那些稅收，我們還勉強可以支付，但是負擔除了稅收還有其他很多東西，實在難以承受，甚至會壓垮一些無力掙扎的家庭。這些東西包括我們曾經大肆浪費的時光，我們的驕傲自大，我們的愚不可及，它們比稅收更多更重，即使減少或是免去我們該交納的稅費，這只是冰山一角，我們肩上的負擔還有很多。」

有一個工人組織集體來拜訪約翰・羅素勳爵，希望他可以把工人們交納的稅款調低一些，勳爵回答他們：「為什麼不從你們自身尋找原因？你們一味地把責任推卸給政府，從來不考慮自己的行為是否正確。我問問你們，知不知道你們在喝酒這個方面每年就要花掉五千萬英鎊？要是政府的稅款有這麼高，你們還不鬧翻天，但是用作酒錢你們就樂意了，想想看那些沉重的壓力是誰給你們的？是你們自己。少喝一點酒，不要過著奢侈的生活，生活就會比現在好很多，怎麼可能還要求我？」

阿里斯多克洛蒂政府的凶狠殘忍是人所共知的，但是比不上人性的貪婪和無窮的欲望。所以把自己犯錯的緣由怪罪於別人，是非常錯誤的行為。男人似乎比女人更容易被邪惡誤導，自甘墮落步入無底深淵。失足的人們在迷亂中浪費時間、金錢，變得一無所有。只有親身經歷痛苦以後，才明白其中的道理，對後人也產生警示的作用。如果你早早地就把錢財花光了，以後該靠什麼過日子？而且你對以後的生活也毫無打算，得過且過的態度會讓你吃盡苦頭。把明天的錢在今天花光，逞一時之享受，斷絕自己的後路，真是愚不可及！如此一來，你的人生也不會有未來可言。

社會如果按照此情景發展下去，必定會陷入破敗之中，但是還有解救的方法。那些薪水高的勞動者可以作為前鋒來帶動後面的人。政府的宣傳和學校的教育可以提供給他們很多這個方面的知識，他們可以從中學會節省開支，用最少的錢過最輕鬆的生活。慢慢地就養成勤儉的習慣，生活也越來越好，一言一行都會變得正派和嚴肅。但是這種轉變的過程需要很長一段時間，就像丹尼遜先生所說「要經過兩代人的不懈努力」，其實時間應該比兩代人還要長，有可能需要幾代人的共同努力。社會的發展是緩慢的，人性非一朝一夕所能改變，在歷史過程中看，它又是快速的，一個世紀在歷史中就像一天一樣短暫。完成一件事情之前，都要經歷一番痛苦。

基督教經受四個世紀的壓迫之後，最終被人們接受，國家在完成統一之前，也要發動無數次戰爭。在英國，社會體制一直不太明確，直到長達兩個世紀的內戰結束以後，它才得以確定。奴隸在得到人身自由之前，也是長時期被地主階級迫害。在以前的社會中，奴隸和農民可以隨意買賣，就像出售土地一樣簡單，再看看現在，他們都得到自由，有自己的生活，兩者對比以後就可以看到明顯的差異，這種差異對我們來說是有益的。既然社會可以有如此巨大的改變，戒掉奢侈的生活一定也會很容易。

節儉是美德，奢侈會讓生活變得糟糕。雖然「由儉入奢易，由奢入儉難」，但是如果可以從根本上認識到奢侈帶來的惡果，下定決心改變觀念，不是不可能戒掉奢侈生活。

節儉本身是一筆財富

如果一個人勤勞節儉，他就會存下一些錢，這樣他的生活就會寬裕一些。即使生活寬裕也不能隨便花錢，養成節儉的習慣很重要。當我們買東西的時候，可能覺得多花一便士不算什麼，可是每次都多花一便士，時間一長，就會流失一大筆財產。

正是這些便士的累積，給一般人的家庭帶來幸福，帶來溫暖。如果有人從來不在乎這些小錢，並且把它們花在喝酒或是其他雜事上，他一輩子都不會幸福。相反，如果珍惜每個便士，並且把它們積聚起來，這些錢可以存在銀行，為自己買保險也可以。要麼捐助慈善事業，也可以交給妻子以補貼家用或是供孩子們上學。這些行為都是有回報的，並且回報很明顯。錢會越存越多，妻子和孩子也會過得更快樂。即使將來真的發生什麼急事，也不用四處借錢。

一個人如果熱愛勞動，並且非常節儉，他不僅擁有物質財富，而且擁有精神財富。他會用自己的這些財富去幫助別人，讓別人也像自己一樣快樂。這是一個極其普通的人可以做到的，例如：在工廠裡，憑勞力賺錢的勞動者。曼徹斯特有一位叫湯瑪斯・萊特的人，他的行為就證明這一點。他本來就是一個普通的工人，可是他卻幫助無數貧窮的囚犯。他們改邪歸正以後，過著幸福的生活。

湯瑪斯・萊特透過一次偶然的機會瞭解到，釋放的囚犯們遇到一些困難。那些囚犯改邪歸正以後獲得自由，他們有能力養活自己，可是沒有人願意給他們提供機會。為了幫助他們解決困難，萊特又開始忙碌起來。為了讓出獄的囚犯們過著幸福的生活，他從忙碌的工作中擠出時間去幫助他們，尤其是週末，他從來沒有休息過。因為他自己的工作花費他大部分的時間，他每天需要工作十二個小時，從早上六點鐘一直到晚上六點鐘。

為了三百多個罪犯，他只要有時間就會四處奔波。經過十年的努力，他終於完成一件偉大的事業。他幫助囚犯們的時候，人們不支持他，認為他的行為很愚蠢。因為在人們眼裡，囚犯們不會徹底改正錯誤，重新生活的。只要有誘惑，他們又會走向犯罪的道路。

有一位牧師和其他的好心人也做過同樣的事情，可是後來都失敗了。自從湯瑪斯・萊特憑藉自己的毅力和耐心完成這項事業以後，人們把他稱為高尚的道德醫師。湯瑪斯・萊特做過的好事太多了，他以幫助別人為快樂。有些孩子性格懦弱，從來不敢大聲說話，在他的幫助下，孩子們逐漸恢復自信、開朗的性格。還有一些孩子，他們特別叛逆，不聽家長的話，沉迷於遊戲，萊特也幫助他們找到自己，成為一個聽話懂事的孩子。還有一些罪犯，在他們釋放出來以後，萊特為他們安排住的地方，幫他們找工作。他們成為辛勤忠實的勞動者，過著踏實、幸福的生活。

做這些事情的時候不僅需要時間，而且需要金錢和精力，還要對自己做的事情充滿信心。所以，湯瑪斯・萊特這麼多年一直在堅持，確實很不容易。在他做的那麼多善事中，最偉大的一件就是他挽救無數犯人，在他的幫助下犯人們才擺脫貧困的生活。他做這些事情的經濟來源就是他的薪水，實際上他的薪水還達不到社會每年的平均水準，也就是說他自己仍然生活在社會的底層，可是他卻用這些微薄的薪水去幫助其他人，真是太偉大了。雖然貧困，他仍然把家裡安排得井然有序。

他非常節儉，從來不亂花錢，並且不管做什麼事情都很謹慎。所以他存下一筆錢，以便年紀大了用。湯瑪斯・萊特是一個精打細算的人。買衣服、房租、日常用品花銷、學費和幫助貧困的人，這些開支他都分配得非常合理，並且他會做好開銷的規劃，每次都會按照規劃來分配錢。對於一位收入微薄、地位卑微的普通工人來說，實在是太不簡單了。從湯瑪斯・萊特的身上，我們看到一股強大的力量，有這種力量的支持，他做了很多一般人做不到的事情。他用微薄的錢財創造出偉大的奇蹟。他的誠懇和善良感染每個人。

節儉是一個人一生用之不盡的一筆財富，那些在平日裡節儉的人，在窮困時也很容易度過難關，也可以幫助到更多身邊的人。

奢侈會讓你負債累累

在中等階層，人們的收入只夠維持生活，但這無法阻止他們追求高等生活的腳步，他們一樣需要大量的華美衣飾來裝扮自己，收入無法滿足他們的欲望。他們借錢也要買豪華的別墅，並且不時地在家裡舉辦派對，還經常觀看戲劇。錢一到手立刻就花掉，碰上吃緊的時候還會借債。保險也沒有，家裡還欠著一屁股債，如果當家的男人突然去世了，這樣的家庭能留下什麼給妻子和孩子生活？可憐的家人只有掙扎在貧困裡，因為男人生前所賺的錢都用來裝飾「門面」；要是他稍微節省一點，自己還可以有一個風光的葬禮。

丈夫問：「你的衣服有沒有付款？」妻子回答：「沒有。」丈夫說：「你現在是在用別人的錢來滿足你的欲望。」沒有人會同意妻子瞞著丈夫去借錢買衣服。要是她借錢去買衣服，等於是衣服製造商為她付的錢。妻子大手大腳地花錢會讓丈夫覺得壓力很大，並且讓丈夫對妻子產生不滿。家庭永遠入不敷出，我想沒有哪個丈夫或是妻子可以長久地忍受這一點。

對自己和妻子的借款行為放任自流，只會讓你們陷入更窘迫的環境。面對借錢給你的人，你沒有勇氣和他說話，但是他可以用欠債這個原因，隨意打擾你們的生活。聽到有人敲門，你們會戰戰兢兢地以為債主來向你們索要欠款。要是你拿不出錢，還要編造很多藉口，胡亂地找理由企圖搪塞過去。慢慢地你從偶爾說謊變成經常說謊，人們不再相信你說的任何一句話。**俗語說得好：「謊言總是跟隨欠債而來。」**

借錢來滿足自己的欲望，這是非常不明智的行為。為了那些昂貴的、超出自己購買能力的物品，我們要花上半年甚至一年的時間來償還債務。老闆們總是有辦法吸引我們去購物，而我們明知是陷阱也樂意往裡面跳。為什麼我們的內心不堅定一點？為什麼我們不能像羅馬人對待奴隸一樣把老闆們看作是我們的仇人？女人在購物時苦於錢不夠數，於是就先欠著，老闆也樂意她們欠債，因為欠的越多，利息越多，還的也就越多。這些狡猾的商人把生活正派的男人的妻子都騙過來，誘使她們在自己這裡欠下債務，然後把欠款隨意增加。長久的欠債已經讓人們對自己的債務數量變得模糊不清，再加上許多的利息，只要改動的數額不是特別多，誰也不會知道。

對此，紐曼教授說過一段特別有針對性的話：「我希望國家可以頒布法律來抑制這種現象的蔓延。規定商店老闆在一定時間以後就不能再催討欠款，這樣就可以防止商人們無休止地對外放債，但是對那些可以按時還錢的人來說，適當的賒欠也不是壞事。因此，人們之間的買賣只能透過現金交易，商品的價格也不會高得離譜。這樣一來，將會大大減少人們的欠債率，而且也防止商人因為收不回錢，抬高價格讓別人來補償自己的損失，陷害無數人的賒欠制度將徹底報廢。」

一個女人思考是否應該借錢，這筆錢對她而言不重要的時候，她在思想上就已經向錢投降。如果公司裡的人一直窺視老闆的錢財，總有一天這些錢財會被盜走。如果一個人在內心進行鬥爭的時候把正義打壓下去，他就會走上罪惡的那條路。生活中看似不經意的一些小事總是可以表現出一個人的修養和品格，這是毋庸置疑的。

第五章

願你不辜負自己的夢想

一切你想要的，都沒有想像中那麼簡單容易得到。你必須為之付出努力、意志、耐心、勇氣、堅持。

靠非凡的意志力創造奇蹟

淺嘗輒止的事情，不能叫作鑽研。

牛頓養了一隻小狗，名字叫鑽石。一天晚上牛頓不在書房，小狗竟然爬到書桌上，撞倒蠟燭，整個書桌都被點燃了。等家人趕到的時候，牛頓辛苦整理的文件全被燒光了。這些文件都是他的心血，他非常痛心，以至於那段時間他整天悶悶不樂。這件事情，大家應該都有耳聞。

上議院的議員卡萊爾也難逃這樣的災難。當時，他把剛編著好的《法國革命史》借給鄰居閱讀，可是鄰居把書隨手放在地上，忘了撿起來，結果卻被家裡的保姆當成廢紙引火了。卡萊爾準備拿書稿去出版的時候，他們才發現這件事情，可是為時已晚。卡萊爾寫這部書的時候沒有擬草稿，所以他只有依靠記憶重新寫。裡面的好多例子和用詞都已經淡忘了，他非常痛苦，可是沒有辦法，他必須堅持下去。憑著他的毅力和決心，他再次完成這個著作。

泰姆透過觀察發現蜘蛛的意志力非常強大，從此之後，他就決心向蜘蛛學習。奧杜邦是美國一位著名的鳥類學家，他說：「我創作兩百多幅作品，後來竟然發生一次意外。我差點因此放棄對鳥類學的研究。意志力確實可以產生巨大的力量，最困難的時候，它可以增強人們的信心和勇氣。我原來住在肯塔基州的亨德森。有一次需要出差，離開之前，我把最寶貴的圖片放在一個木盒子裡，然後把盒子放在一個安全的地方。幾個月後我回來了，休息幾天後，我把盒子小心翼翼地取出來，裡面裝的是我的心血。

「打開盒子看了一眼，我就傻了。裡面竟然住著一窩老鼠，我的寶貝被牠們咬碎了。我幾乎崩潰了，氣得我渾身發抖。我睡了幾天幾夜。強大的意志力讓我重新振作起來，我拿起槍、鉛筆和筆記本，鑽進樹林。我很快調整情緒，又創作出比以前更好的畫。這已經是三年前的事情，現在我的成果又裝了滿滿一包。」

阿波西特是一位著名的自然哲學家。他的成功和他的意志力是分不開的。阿波西特和牛頓的經歷非常相似，他在日內瓦工作的時候，經歷很多考驗和磨難。除了艱難地忍受這些痛苦，他沒有其他辦法。阿波西特的研究非常廣泛。一次偶然的機會，他對大氣壓的變化規律產生興趣，從此之後，他就一心撲在研究大氣壓上。他堅持二十七年，不管嚴寒酷暑，他都會每天觀察大氣壓，並且記錄有關的觀察結果，然後再進行研究。

一天，實驗室裡來了一位新助理，阿波西特正好不在。這位助理為了表現自己，把實驗室打掃一遍。實際上，阿波西特的實驗室文件擺放工整，根本不用收拾。當阿波西待回來時，竟然發現氣壓錶旁邊的幾張紙不見了，他趕快問助理：「你看到放在這裡的幾張紙嗎？」

「先生，我把那些廢紙燒了，我又重新放在那裡一些新的紙張。」助理回答。

阿波西特聽到這些話的時候，心裡非常痛苦，他不知道該怎麼辦。他調整自己的情緒說：「你知道那些東西的價值嗎？那些可是我這麼多年的心血，你竟然把它毀掉了。沒有我的允許，你以後不准動房間裡的任何東西。」

與其他學科相比，自然歷史的研究更需要堅強的意志力。一個人如果想在這個領域有所成就，就要擁有堅強的意志力和耐力。我們透過查看各個領域科學家的傳記就會發現：其他的科學家的壽命沒有自然科學家的壽命長。英國一家出版社的一個員工告訴我：「一八七〇年，林奈協會有十四位老人去世了，其中九十歲以上的有兩位，八十多歲的有五位，七十多歲的也有兩位，這十四位的平均壽命是七十五歲。」

亞當遜是法國的植物學家，大革命爆發時，他已經七十歲。當時社會動亂，他失去所有的財產，連住的地方都沒有。亞當遜沒有因此倒下，他的意志力支撐他前行。他當時非常貧困，幾乎連飯都吃不飽。有一次，學會邀請他參加會議，因為他是學會的元老，可是他拒絕了。他實在是太窮了，連雙鞋都買不起，他不可能光著腳去參加會議。

居維葉這樣描述他：「這位老人太可憐了，這個故事讓我們很感動。亞當遜弓著腰，站在一堆即將燃盡的木柴前，在一個小紙片上畫植物，雙手凍得發抖。這個時候，他已經陶醉在其中，完全忘卻生活中的困苦。大自然的植物就像一位神仙一樣，陪伴老人，並且在他最貧窮的時候給他帶來快樂。」董事會可憐亞當遜，就給他一點撫恤金。後來，這件事情傳到拿破崙的耳朵裡，老人因此得到更多的撫恤金。

這位老人經歷太多的困難，在他七十九歲那年，離開人世。他在他的遺囑中這樣寫道：「我死後只要一件裝飾物，就是由我研製出的五十八種植物編織而成的花環。」這個花環是他一輩子研製成果的結晶。他的精神激勵後人，他的成果永遠留在人間。

意志力是一個人走向成功的關鍵，那些優秀的發明家身上具備堅強的意志力。喬治・史蒂文生曾經忠告年輕人：「只要具備堅強的毅力就可以走向成功。」他為了改進火車頭，勤勤懇懇地鑽研十五年，終於取得偉大的成就。瓦特曾經發明壓縮蒸汽機，為了使效率更高，他苦心研究三十年。我們不難發現，這樣的例子遍布藝術、工業、科學等各個領域。很久以前，尼尼微人使用的是楔形文字，也叫箭頭文字。他們用這種文字記錄征服波斯之後的歷史，後來這種文字就失傳了。但是當人們在尼尼微挖掘雕塑的時候，竟然發現這種文字。

有一位聰明機智的學生，他在東印度公司實習，後來被派到波斯。偶然間他在附近的紀念碑上發現一些奇怪的文字，這些就是失傳已久的楔形文字。他查了很多資料，卻沒有找到關於這種文字的記載。在一塊高一千七百英尺（一英尺＝〇・三〇四八公尺，下同）的岩石下方分別記載波斯、亞述、斯基泰三個國家的文字，他從上面抄下一篇文字，其中一些文字沒有失傳，一直流傳到今天，他也見過。經過反覆琢磨，他終於發現楔形文字的規律，並且隨即把這些規律記錄下來，編成一個字母表。後來，羅林森先生把這位實習生的發現寄回英國，教授們拿到這份楔形文字的時候，他們很迷茫，因為他們從來沒有見過這麼複雜的文字。

東印度公司的前一任秘書曾經研究古老的文字，所以楔形文字又送到他那裡。他的研究終於有了突破，並且找出實習生抄錯的字，然後把它改過來，在這之前，他根本沒有見過貝希斯敦的那塊岩石。他們兩個沒有受過專業的培訓，都是憑藉自己的愛好琢磨出來的，人類對於楔形文字的研究終於有新的進展。還有一位為楔形文字做出貢獻的人，就是倫敦律師事務所的一個職員。他們三個都是極其普通的工作人員，卻可以找到失傳已久的楔形文字，並且發現它的規律，還有巴比倫的歷史，這是一件多麼不可思議的事情。

萊亞德二十二歲的時候，有一次在東方旅遊，萌發深入研究幼發拉底地區的想法，並且開始採取行動。當時，僅有一位隨從保護他，並且帶的武器也不多。實際上，最好的武器就是他的性情。他很有修養，待人親切、忠厚。他們一路上遇到很多困難，例如：他們路過的部落正在和其他的部落廝殺，這是多麼恐怖的場面啊，可是他卻可以順利通過。到達那裡之後，他就一心鑽研，儘管他只有幾件簡單的工具。他勤奮、堅強、有目標、有耐心，並且對工作充滿熱情。他一直堅持、努力，幾年後，他終於發現一些歷史文物，並且把這些文物完整地出土。這個偉大的成就是他一生的驕傲，其他的古物探測者根本無法和他比。他出土的古物裡面有一件兩英里（一英里＝一・六〇九三四四公里）長的浮雕群，現在擺放在大英博物館，這是一件價格不菲的古物。這些古物記錄《聖經》裡的故事。三千多年前，世間流傳關於《聖經》的故事，這些故事給人們帶來很多道理。萊亞德先生出土的這些文物，象徵他的成功，也是他的勤奮和鍥而不捨精神的真正表現，他曾經把這些話刻在尼尼微的一個紀念碑上。

所謂的成功，很少有平坦的道路，只有那些意志力非凡的人，不畏艱苦，勇於攀登，才有希望看到頂點的美好風光。

耐心和良好的習慣很重要

不管什麼事情，只要堅持去做，總有一天會取得成功。我們不要期望可以一步登天，一定要有耐心，並且勤奮，在前進過程中享受學習的快樂。曼斯特這樣說：「一個人只有耐心等待，才可以取得成功。」就像我們種莊稼一樣，首先要播種，然後看著秧苗一天一天茁壯地成長，幾個月後就會結出豐碩的果實。我們一定要有耐心，並且要對自己充滿信心。有很多稀有的果實，它們成熟得非常緩慢，可是只要我們耐心地等待，就可以品嘗到這種果實的美味。「只要有耐心，桑葉也可以變成綢緞。」這個諺語，大家應該都聽過。

約翰・霍華德是一個很有耐心的人，從他身上我們可以看出，一個體弱多病的人，如果真的想實現自己的理想，照樣可以把擋在他面前的大山移開。霍華德最大的願望就是改善監獄的條件，但是這個願望實現起來確實很難。他把自己的精力全部放在這件事情上。即使在生病的時候他照樣工作，他吃了很多苦，經歷無數次的危險。他具有堅強的意志力，並且心地善良。

他只是一位平凡的人，但是可以做出不平凡的事情。在他的一生中，他獲得很多榮譽和成就。他的精神永遠留在人間。他所做的事情影響很多文明國家，尤其是英國。直到現在，他的這種影響依然存在，也許會繼續延續。

耐心是我們獲得成功的必需品格，只要我們擁有足夠的耐心，就會生活得快樂、幸福。喬治・赫伯特這樣說：「一個人只有具備耐心，才可以圓滿完成任務。」德國國王阿爾弗雷非常有耐心。他的運氣總是很好，所以他的生活充滿快樂。瑪律伯勒是英國的將領，他待人溫和，樂觀開朗。他的成功與他高貴的品格是分不開的。一七〇二年，他寫了一封信給英國財政大臣戈多芬，信中說：「我勝利的秘訣就是耐心。」後來，他受到同盟者的阻撓和壓制。當時他說：「我已經用盡所有的方法，目前只有耐心等了。」

布豐侯爵曾經說：「如果一個人有耐心，他肯定可以取得成功。」他就是一個有耐心的人，所以他在自然歷史上取得很大的成功。他小時候不是一個很有天分的孩子。他家裡很有錢，整天過著無憂無慮的生活。他特別懶，什麼事情都不會做。他的記憶力很差，學東西很慢。但是後來他下決心改掉這些壞毛病，並且開始自覺學習。

布豐特別喜歡睡覺，即使在白天也照睡不誤，這樣就浪費很多時間。他意識到時間的可貴，下定決心不再貪睡。剛開始還好，他還可以堅持住，可是過了幾天，又恢復原來的樣子。

沒辦法，他就去找僕人約瑟夫。他想要讓約瑟夫幫助他改掉這些壞毛病，條件是：如果約瑟夫每天六點鐘可以把他叫醒，他就給約瑟夫一克朗。他們就這樣說好了。第一天早晨，約瑟夫去叫布豐起床，可是布豐說什麼都不願意起。他故意裝出生病的樣子，約瑟夫心軟了，就沒再喊他。快中午的時候，布豐睡醒了。他起床以後，把約瑟夫喊了過來，不僅沒有給他錢，還責怪約瑟夫沒準時喊醒他。

在後來的幾天裡，不管布豐如何假裝生病或是懇求他，他都會硬硬地推他起床。有時候，布豐非常生氣說要開除他，約瑟夫根本不管布豐這一套，讓他起床的態度仍然很堅決。一天，不管約瑟夫怎麼拽，他都不起來。約瑟夫端來一盆涼水澆在他的睡衣上，他不得不起床。後來還有幾次，約瑟夫採取同樣的方法，布豐實在沒招了，就每天六點鐘起床。布豐成功地改掉自己懶惰貪睡的壞習慣。後來，布豐侯爵編著一本叫《自然通史》的書，可以說他的成功裡集聚約瑟夫的汗水。

布豐工作非常努力。上午從九點開始一直工作到下午兩點，然後再從下午五點工作到晚上九點，四十年如一日，他從來沒有給自己放過假。他曾經在自傳中這樣描述自己：「我認為學習是生活中最有趣的事情，但是工作是生活中最重要的事情。」他希望自己的身體可以健康一些，因為只有這樣他才可以多工作幾年。他是一位出色的有責任心的作家，每完成一部作品他就會反覆閱讀，反覆修改，這樣文章才可以完美地表達出他的寫作風格。他想要讓讀者感受到他的思想，體會到文章的內涵，例如：《自然通史》，他寫了五十年才完成。可是他對自己的作品仍然不滿意，他不斷地閱讀、潤色，直到他自己滿意為止。

他做事都很有條理，很像一位商人。他認為，即使一個人非常有才能，但是如果他做事沒有條理，他的才能永遠不會發揮出來，當然他也不可能實現自己的理想。他是一位非常成功的作家，這些成功來自於他的勤奮和堅持。馬達姆·納克曾經說：「一個人只有深入研究一件事情，並且付出艱辛的努力，這樣他才會成功，才會被人們稱作天才。布豐就是一個很好的例子。他說，在他剛開始寫作的時候，他總是分心，並且感覺很累，可是他控制自己，讓自己專心於作品。即使在著作完成以後，也不能沾沾自喜，撒手不管。一定要反覆閱讀，反覆推敲、潤色，直到自己滿意為止。長期堅持下去就不覺得累了，現在感覺校稿是一件很享受的事情。」

大家都知道布豐非常成功，寫了很多書，有些出版了，有些沒有出版，可是誰又知道在寫這些作品時，他已經身患重病？在與病魔的鬥爭中，他完成無數偉大的作品。

勇氣非凡的馬丁・路德

馬丁・路德的信仰與教宗有衝突，他雖然沒有犧牲，可是隨時籠罩在教廷迫害的危險裡。他最開始時是一個人獨自為理想抗爭，那個時候的他處境極為艱難。他說：「兩方實力懸殊，一方是教士，他們博學多才，神聖而高貴，有許多的信徒，手中還掌握權力。另一方值得依靠的朋友也不多，顯得可憐無知，他們是威克里夫、洛倫佐・瓦拉、馬丁・路德。」皇帝召他去沃姆斯，要他在那裡接受問答，他勇敢地趕過去，做好在那裡面對指控的準備。朋友們都勸他不要冒險，周圍的人也認為這一去很可能送命，大家都極力主張他一走了之。他對那些人說：「我不會逃避的。我知道，我將要去的地方滿是邪惡的魔鬼，他們比外面的還要凶狠，可是我不會退縮，前方再凶險我也要去。」人們要他留心喬治公爵，公爵對他充滿仇恨。他說：「我依然不會改變我要去的決心，我會平息喬治公爵的怨恨，在這九天內，我會消除我們之間的仇恨。」

信守諾言，這是路德身上的美德。他立刻踏上危險的旅途。他的馬車經過沃姆斯古老的鐘樓時，他在車上唱著：「看啦，那個偉大的城堡，它就是我們的上帝。」這首曲子，它就是宗教改革時期的馬賽曲。他在現在唱的是自己兩天前臨時寫的歌，詞曲都是一人完成的。在與約翰・埃克會面前，老軍人喬治・弗倫茲貝格走到路德身邊，拍了拍路德的肩膀，然後說：「虔誠並且慈善的僧侶，我善意地提醒你，注意你的舉止和言論。你將會面對一場艱難的戰爭，這是我們都沒面對過的艱險局面。」路德對這個老軍人說：「我會對得起《聖經》和我的良心，我將用我擁有的一切來守衛它們。」

路德在約翰・埃克面前表現出的非凡的勇氣，已經記載在歷史之中。在人類的歷史上，這英勇的行為是光輝耀眼的。他面對教宗的權威，在教宗迫使他放棄信仰的命令下，他沒有一絲遲疑地說：「只要我的話沒有違背《聖經》中的教條，我是不會認罪的。我要對得起自己的良心，不能背棄自己的信仰。我這麼做是受到上帝支持的。」

後來，敵人仍舊在奧格斯城堡對他進行刁難。路德對他們說：「為了我的信仰，我不會害怕丟掉我的腦袋，哪怕有五百顆頭，我一顆也不會稀罕。」路德遭遇到許多苦難，他也面對許多必須跨越的難關，他的勇氣也因此變得越來越強。霍頓說：「德國人沒有一個可以像路德那樣坦然面對死亡。」路德做的貢獻要比其他人更顯偉大，現代人的思想自由與人權觀都受到路德精神的影響。

苟活下來，那是高尚勇敢的人不齒於做的事情。斯特拉福德伯爵是一位堅定的保皇派，他如同一位去迎接勝利的將軍般無畏地走向刑場，他身上只有勇氣，完全沒有其他死刑犯所表現出的那種膽怯。

在此處英勇就義的還有一個英國人，他叫約翰・伊里亞德。他在臨死前說：「我的良心不會改變，哪怕要我經歷一萬次的死亡也不會改變，世界上的一切也不如我純潔的良心寶貴。」他不得已離開他牽掛的妻子，他朝向守在塔樓窗口的妻子抬頭喊著：「我的寶貝，我要獨自去天堂，可憐留下你一人在這個地獄裡受苦。」在前行的路上，另一個聲音對他說：「你現在可是在最榮耀的時刻啊！」他回答：「你說的沒錯。」他的興奮表露無遺。伊里亞德說：「死亡是什麼？它只是一個單詞。可是面對死亡就是一件偉大的行為。」在《獄中隨想》裡，他寫道：「我沒有什麼可怕的，死亡也無法讓我畏懼……生死是相伴的。安然面對要比苟且活下去好。人生不是因為活得長而變得有意義。聰明人堅強活下去是為了創造比死亡更有價值的東西。」

成功對於那些努力奮鬥、堅持不懈的人來說，是終將會獲得的果實。這些人，即使在毫無成功可能的絕望裡，也會堅持下去。他們的力量肯定來自於勇氣。他們希望自己在黑暗中播下的奮鬥之種可以在以後成長為結滿果實的大樹。經歷無數次失敗的考驗，那些崇高的事業才走向成功。可是，在災難中早早離去的奮鬥者也不在少數。成功並非評判勇氣的標準，英雄般的膽識表現在不畏艱難困苦的勇氣裡。

那些備受打擊的愛國者，面對敵人的號角時依然毫不怯懦，坦然地面對死亡。就像哥倫布那樣的偉大發現者和殉道者，他們勇於抗爭，不放棄理想，他們才是無愧於英雄稱號的人。就連最卓越的戰功也無法與他們的高尚道德相比。那些戰場上刀槍之間的勇敢，永遠比不上這種勇氣。

堅強的毅力鑄就成功

具有堅強的毅力很重要，在文學界有很多例子可以證明這一點。華特・史考特先生曾經在一家律師事務所打工，他的工作很無聊，薪水很低，和打字員的差不多。但是到了晚上，他就會看書學習，他把看書當作他的樂趣。他今天可以取得成就，就是因為當年他冷靜、勤奮，並且具有頑強的毅力。當時，他是一個打字的文員，一張紙三分錢，如果列印的紙張多，就可以領到更多的薪水。他努力工作，就是為了可以多賺一些錢來買書。經過努力，二十四小時他可以列印一百二十張，也就是說可以拿到三十先令。由於買不起新書，他就用省下的錢買幾本舊書來看。實際上，他的工作效率這麼高，就是當時在律師事務所練出來的。

史考特原本是一位商人，一提起當年他仍然會露出一副自豪的表情。不成氣候的詩人們總是不屑於那些普通的指責，史考特卻不這麼認為。如果一個人不認真對待自己的職責，這個人就不可能走向成功。反之，這個人將會從中獲得很多有價值的東西，進而提升自己的能力。史考特曾經在愛丁堡的最高人民法院擔任文員一職，他的工作就是核實文件，看看那些註冊過的合約或是文件有沒有問題。每天吃過早飯他都要準時去上班。他喜歡早早起來寫一些東西。洛克哈特曾經這樣說：「一個人處在寫作的最佳時期，一定不要忘了去做一些要求高的工作，例如：花半年去寫作，半年從事這種高職責的工作。這對人的一生都是有益的。」史考特要求自己不能以寫作為生，必須從事其他的工作。他這樣說：「我不會用文學來獲取更多的金錢，以維持生計，儘管那樣很簡單。文學只是我的一種精神食糧。只要我還有力氣，還可以從事別的工作，我絕對不會依賴文學生活。」

史考特還具備一個優點，就是他不會揮霍時間。在他的眼裡時間非常可貴，他會充分利用時間。由於他的時間觀念很強，所以他每次收到信件後都會當天給對方回信。當然也有特殊的情況，有些信件的內容是需要認真思考之後才可以答覆的，所以不得不推遲時間。他對工作一絲不苟，並且很有耐心，即使有很多事情需要處理，也可以得心應手地順利解決。他是一個愛乾淨的人，每天他都穿著整齊，把鬍子刮得乾乾淨淨。早上五點他準時起床，起來後就開始生爐子。到六點時，他就開始工作。在他的辦公桌上，所有的文件都被他分好類，整齊地擺放，想看哪一個隨手就可以拿到。他坐的椅子周圍擺放各種參考書。他養了一隻小狗，總是趴在這些書的旁邊，仰著頭看他。九點到十點的時候，全家人都起來準備吃早飯。這三個多小時他寫出很多東西。當家人喊他吃飯的時候，他就會說：「今天的創作可以結束了，早晨頭腦清醒，效率高。」史考特對自己要求嚴格。他每天都努力工作，創作出很多作品，閱讀很多書籍，並且累積豐富的經驗，可是他仍然對自己不滿意，總認為自己的能力應該再上一個新台階。他曾經這樣說：「在我的一生中，很多時候我會感覺到自己知識匱乏，能力不足，並且這些總會影響我的創作。」

懂得越多，對自己的要求就會越高，而且更謙虛。史考特就是一個很好的例子，實際上這才是真正的智慧。三一大學發生一件事情：一天，有一個學生找到他的老師，說他已經自學完了所有的知識，希望老師讓他畢業。老師聽完以後，告訴他：「你這麼快就學完所有的知識，而我才剛開始學習這些知識。」老師巧妙地拒絕他的懇求，並且教育他。有些人就是這樣，只懂得一些皮毛，但是覺得自己已經學會所有的東西，並且比其他人聰明。真正有學識的人從來不會這樣，正好相反，他們非常謙虛，總是覺得自己知識匱乏。認為自己懂很多的人，其實什麼都不知道。牛頓也說過類似的話：真理就像大海一樣深不可測，值得我們用一輩子去學習，我們現在只是在海邊撿到幾個貝殼而已。

著名的文學家身上都具備堅強的毅力，那些三流的文學家身上同樣具備這種精神。著名的《英格蘭和威爾斯的美景》一書，是文學家約翰・布里頓編著的。在他的創作中，還有很多建築方面的書也頗受人們歡迎。布里頓出生在金斯頓，他家裡很窮。在他很小的時候，他的父親是一個做麵包的師傅，也會把麥芽製作成食品，可是後來無法勝過對手就倒閉了，他的父親因此瘋了。布里頓從來沒有進過學堂，只是依靠自己的毅力堅持學習，最終成為一位文學家。

布里頓的叔叔開了一家酒店，為了生計他在那裡打工，那個時候他還很小。主要的工作就是把酒裝到瓶子裡，然後蓋上蓋子儲存起來。五年之後，他的身體變得非常虛弱，他的叔叔無情地把他趕出去。從此之後，他就到處流浪。當時他身上只有五年來存下的幾個畿尼（一種英國金幣的名稱，一畿尼相當於二十一個先令）。他在外流浪七年，這七年裡他不知吃了多少苦受了多少罪。他的自傳這樣寫道：「我租了一個小屋，一個星期收十八便士，條件非常艱苦。只有學習的時候我才是快樂的。我沒有錢生爐子，到了冬天就坐在床上看書。」後來，他步行來到巴斯，做了一個管窖工人。做了沒多久，他就辭職去了大城市。當時他特別窮，身上一分錢都沒有。

因為他有管窖的經驗，所以就在倫敦的一家酒店裡找到這個方面的工作。他一天要在漆黑陰森的酒窖裡待上十六個小時，也就是從早上七點到晚上十一點。惡劣的工作環境和過度的勞累，使他的病情加重。他離開這裡，在律師事務所又找到一份工作，薪水每個星期只有十五先令。由於太窮買不起書，他就到附近的書攤上看書。只要有時間他就會過去，這樣他就會獲得很多知識。他充分利用空閒的時間，專心創作。幾年後，他又辭職來到另一家事務所，由於他有經驗，人家一個星期給他二十先令，比以前多了五先令。他從來沒有忘記看書、寫作，這是他的一大樂趣。

那一年，他完成《皮薩羅歷險記》，並且找到出版社出版，當年他只有二十八歲。他一生出版的作品超過八十七部，最偉大的一部作品就是《英國大教堂的古代風習》，共有十四卷。從這部作品裡我們可以看到他那種可貴的精神，永遠勤勤懇懇，不知疲憊。他的一生從來沒有間斷過寫作，直到他去世。

羅頓跟布里頓一樣有堅強的毅力，他熱愛自己的工作，並且工作起來不知疲憊。他的父親有一個農場，就在愛丁堡附近。他從小跟著父親工作，所以養成熱愛勞動的習慣。他的想像力很豐富，並且具有繪畫的天賦。他可以把整個園林的設計畫出來，他的父親發現這個特長，就決定把他培養成優秀的園林家。

在精心學習規劃園林時，他每個星期有兩天不睡覺，看一夜書。到了白天仍然勤勞地工作，他總是比其他工人做得多。他充分利用晚上的時間，學會法語。後來他翻譯《阿拉伯爾自傳》，那年他還不到十八歲。他渴望讀更多的書，學更多的知識，提高自己的能力。二十一歲那年，他仍然在園林工作。他在日記裡這樣寫道：「我現在已經二十歲，可是我還沒有為人們做出偉大的貢獻。也許再過兩個二十年我就不存在，所以我必須努力學習更多的知識，造福人類。」剛滿二十歲的年輕人就可以說出這樣的話，真是值得我們學習。想想我們自己，真是慚愧。後來，他又開始學習德語，沒過多長時間，他已經熟練掌握這門語言。他學習蘇格蘭的田園設計技術，自己開始建造農場。後來這個農場給他帶來很多利潤。做到這些他不滿足，他想學到更多更先進的技術，他開始去很多國家考察。他把從各國學到的知識記入他的百科全書。當然裡面還包括很多事例，所以他的百科全書比其他作家的都要詳盡、優秀。這些都是用他辛勤的汗水換來的，他比其他作家吃的苦、受的累都要多。

那些可以取得偉大成功的人，都曾經付出汗水和辛苦，他們也比別人更有毅力。毅力來自於，無論遇到什麼情況，都毫不動搖地堅持。

勇者無畏無懼

想要獲得成功，男人和女人都必須具有勇氣。

匹夫之勇不能算勇氣，它不是最具力量的表現。那些默默無聞的辛勞和奮鬥就表現出勇氣，那些有勇氣的人可以為了正義與真理忍受所有的痛苦。那些一時的衝動勇猛，無法與真正具有智慧的勇氣相比。

那些男人和女人具有的英雄氣概，都是道德和勇氣的結合物。**什麼才是道德的勇氣？是對真理的堅持和尋求，是對正義的堅守，是誠實地待人，是對誘惑的不屈，是對職責的履行，這些都是勇氣的表現。**一個缺乏勇氣的人，無法保護別人的安全。

那些讓人跨越艱難困苦的勇氣在每個歷史時刻都幫助人類走向進步。那些愛國者、思想先驅們、發明家和各個行業裡的傑出人物，他們所表現的勇氣把人類帶向進步的行列。只有衝破各種迎面而來的阻撓，在勇往直前的路途上獲得別人的承認，才有可能產生真理和新的學說。

為此，海涅說：「偉人們是以生命的代價來發表偉大思想的。」

很多人用了一生的精力來尋求真理。他們在無盡的書海裡辛苦尋找真理，經過不懈的努力探索，他們終於獲得真理的甜美果實。可是為了它勇於抗爭的只有真正的勇士們。他們深愛真理，為真理犧牲是他們最幸福的時刻。

蘇格拉底因為自己崇高的學說不被接受而被迫在雅典喝下毒藥，那年他已經是七十二歲的年齡。人們對於他鼓勵青年蔑視守護神的行為給予敗壞雅典青年道德的指控。他不畏那些專制法庭的控訴和暴民的侮辱，他用自己充滿光輝的道德勇氣予以對抗。在他死前，他留下百世傳頌的演說。面對那些法官，他說：「我該走了，可是我走後，他們還在，他們會在人間留下來。我和你們誰的命運會更好，這只有上帝才會明白。」

許多偉人與偉大的思想家都毀於無知的宗教之手。揭露時代流行的錯誤觀點的布魯諾被活活燒死在羅馬的鮮花廣場。面對死刑，布魯諾毫不畏懼地說：「你們會因為我對死刑的坦然接受而害怕。」

伽利略是繼布魯諾之後的另一個殉道者，他為真理赴難的名氣可能比他科學上的聲望還要高。教會因為他關於地球的運轉觀點而強烈譴責他，而且用異端邪說的罪名把這位七十歲的老人扣押在羅馬。他要在宗教牢房裡孤苦地度過最後的時光，即使沒有肉體的折磨，這也是殘酷的刑罰。教宗沒有因為他死亡而放過他，他的軀骸不被允許歸於墓中，這是多麼無情的迫害！

慘遭迫害的羅傑・培根是一位修道士。他的哲學研究為世人所不容，他在化學方面的探索也被人們指責為巫術行徑。他的作品不被世人所接受。教宗也因為培根的學說而把他關入牢中，連續幾屆教宗都沒有寬恕他，被監禁十年以後，他最終死於牢中。那位被教宗驅逐出教堂，在流放地慕尼黑去世的奧卡姆，他是一位英國的思辨哲學家，他的研究在當時還是較為早期的，也因此不被教廷接受。唯一值得慶幸的是，在慕尼黑，德國皇帝對他很友善。

對於揭露人類本性的維薩里，教廷也把他視為異端。他就像揭露天國本質的布魯諾和伽利略。維薩里勇敢地衝破當時的禁忌，敢於解剖屍體來研究人體的結構。他以生命的代價建立屍體解剖學的基礎。西班牙國王的勸說最終使他逃過教廷的死刑。但是他依然要接受處罰，要趕往千里之外的聖地，在那裡朝拜贖罪。可是在生命的鼎盛時期，他最終因為貧病交加死在返回的路上，他最後還是為真理付出生命的代價。

人們對於法蘭西斯・培根的《新工具論》一書給予最大的責難，對於這本英國著名哲學家的著作，人們認為其帶有危險的革命性，並且因此強加控訴。為此，亨利・斯塔布博士還特意寫了一本反對培根新哲學的書。這本書也讓他成為名人。在他看來，那些經驗主義哲學都是不好的，因為那是與培根觀點相似的。對於《新工具論》一書，英國皇家協會也不認同，在他們眼裡，那是會動搖基督教信仰的觀點。

宗教法庭對於哥白尼的擁簇者都以異教徒的罪名加以迫害，克卜勒也是由於對哥白尼的擁護行為而遭到迫害。他說：「我是站在上帝擁護者的對面。」牛頓是伯奈特主教中心最聰明的人。因為發現萬有引力定律，牛頓這個有孩童般淳樸心靈的人被指責為推翻上帝的邪惡之人，同樣被如此指控的還有發現閃電秘密的富蘭克林。

猶太教最終把史賓諾沙開除猶太教籍，他的哲學觀點是宗教領袖們無法認同的。他由此還遭到別人的暗殺。可是在這艱難的環境下，他沒有放棄，依靠自己的勞動過著貧困的生活，一直這樣堅持到去世。

人們認為笛卡爾的哲學觀點是對宗教的敵視，人們認為洛克的學說是唯物主義的。在地理領域有建樹的科學家們，布坎蘭博士和塞奇威克先生等人被指控推翻《啟示錄》，因為他們的研究成果與上面的內容相悖。那些氣量狹小的人會指責在天文、歷史、自然和物理領域裡的成果都是異端邪說。

那些沒有被宗教迫害的幸運發現者，還是會受到同行與公眾的責難，他們的發現依舊不被世人認可。發現血液循環理論的哈維博士被醫學界視為一個大笨蛋，他的觀點使病人們都不再信任他。約翰·韓特爾說：「那些經歷過困難磨練與阻撓的事情都是我做的有意義的事情。」

在研究神經系統的重要階段，查爾斯・貝爾先生寫了一封信給朋友，他在信中說：「我要是沒有這些煩惱，可以與貧困說再見那將會是多麼幸福的事情啊！」他的研究為生理學做出卓越的貢獻。可是他的偉大成就只幫他減少客戶。歷史上各個時代的偉人都是憑藉熱情、堅持不懈的努力、勇往直前的精神和自我的犧牲才取得他們所在領域的成就。這些人才是真正的英雄，他們不會被那些落後的人拖累，他們會朝向自己的目標破除萬難，一往無前。

對於那些科學巨人受到的不公平對待的事例，我們可以從中得到教訓。我們懂得對於那些不同的觀點，我們要學會忍讓，不能以大欺小。柏拉圖說：「世界是什麼？它就像上帝寫給人類的一封信。」想要更深刻地瞭解上帝的力量，真正領悟上帝的智慧，人們只有認真研究世界的本來意義，由此上帝的饋贈才對人類有意義，才會對這份禮物的贈予者報以更誠摯的感謝。

科學殉道者以他們的勇氣為榮，那種勇氣比戰場上生死相搏的勇氣更崇高，這種勇氣沒有戰友間的鼓勵，他們的擁有者是孤獨的，為了真理要忍受旁人的不公平待遇，只有自己在抗爭。隨著時間的流逝，那些殉道者的名字可能會變得越來越模糊。對真理的堅定信仰讓他們敢於面對一切，他們在道德戰場上堅守正義的陣地，即使為真理獻出寶貴的生命也在所不辭。

那些具有這些品格和高度責任感的人，總會為我們做出很有見解的歷史預測。在追求真理的艱險旅途中，有些女性的堅強與勇氣不輸於男性，她們的溫文爾雅中透露出無畏的勇氣。

作為其中的傑出代表安娜・阿科斯，她面對肉體的折磨時沒有痛苦地呻吟和掙扎，她以不屈的眼神看著實行者的臉，沒有放棄自己的信仰向神父屈服。有英勇精神的還有拉蒂默和里德利，她們在臨刑前沒有抱怨，安然地走向刑場面對死亡。在就義前，其中一人說：「上帝恩賜的智慧之火將在今天點燃，整個英國將會被它產生的理性之光籠罩。」貴格會教徒瑪麗・戴爾面對新英格蘭清教徒的絞刑台時，她毫不畏懼地走上去。她沒有因為死亡而恐懼，面對周圍的人群，她坦然地發表就義前的演說。最後，她滿意地笑著在劊子手中結束生命。

在走向斷頭台時，虔誠、善良的湯瑪斯・摩爾先生面對死亡也依然懷有偉大的勇氣，他不屈服於這種威脅，堅定地維護對真理的信仰。就在摩爾下定決心維護節操的時候就已經獲得勝利的榮耀。對女婿羅普，摩爾這樣說：「孩子，我只有滿懷對上帝的感激才可以邁向勝利。」諾福克公爵擔心他的安全，為此勸告：「摩爾先生忤逆帝王是非常危險的。帝王發怒會血流滿地，你的命都在他的掌握之中。」摩爾回答：「勳爵先生，你我早晚都會死去，我沒有什麼好懼怕的。」

面對艱難的選擇時刻，摩爾的運氣不如其他偉人，他的妻子不支持他的信念。摩爾第一個妻子是一個農村女孩，摩爾讓她懂得禮節，可是在生育一男三女以後，她早早地去世了。其中一個叫瑪格麗特的女兒，與他的父親性格相似。摩爾的第二個妻子可以說一無是處，她是一個不漂亮的寡婦，市儈而貪圖享樂，年紀大摩爾七歲，不會為了摩爾的理想去忍受貧苦的生活。

摩爾的第二個妻子在摩爾被關押在倫敦塔的這段時間裡，沒有給予他絲毫的關心。她對摩爾的行為毫不理解。她認為，只要摩爾屈從國王就可以獲得自由，之後也就可以在舒適的家裡與孩子共用天倫之樂。她在某天對摩爾說：「你這個公認的聰明人為何就想不明白，我真是弄不懂你的想法。你要是聽從主教的要求就可以告別這個滿是老鼠的骯髒監獄，你立刻就可以重獲自由。」摩爾無視妻子的話語，他有自己不容更改的信念。他溫和而愉悅地說：「我的真理比漂亮的住宅更重要。」他妻子報以輕蔑的回答：「你的行為在我看來，簡直是蠢透了。」

摩爾的女兒瑪格麗特・羅普卻堅定地站在父親這邊。她對監獄裡的父親堅持進行問候。在監獄裡，摩爾只能用炭給女兒寫信，信中說：「我的炭筆是無法把你的關愛帶來的快樂全部表達出來的，你給我太多的慰藉。」最後，摩爾依舊沒有放棄真理，他成為首個因說實話而犧牲的人。他堅守誠實的美德，並且因此殉難。他死後，頭顱還被掛在倫敦大橋上示眾。他的女兒瑪格麗特・羅伯特很勇敢，她挺身而出，請求人們將她父親的人頭取下。在她死去的時候，她依然熱愛她的父親，要求與父親的人頭埋在一起。在許多年以後，人們打開她的墳墓，人們看到吃驚的一幕，那顆珍貴的人頭就在他女兒骨骸的胸部上。

勇氣，不是魯莽行事，是為了心中的信念而產生的大無畏的精神和力量。有勇氣者無畏無懼，不留遺憾。

不要害怕失敗

人的堅強毅力與健康的性格都是貧苦和逆境中鍛造出來的。逆境和貧苦讓人的活力得以復甦，人的性格也由此得以完善形成。**伯克曾經這樣評價自己：「我不會在苦難與逆境中屈服，也不會因為順境和富裕而失去本質。」**在危急時刻，人才會最大限度地發揮出自己的品格與力量，進步的推動力來自於與困難的抗爭。

不經歷失敗的人生是不可能完成任務的。成功也是多次失敗的經驗鑄就而成的。聰明人會透過失敗對自己進行理性的認識，由此也會變得更具智慧，更為老練。在失敗中，他們往往能獲得許多寶貴的經驗。外交家會對你說，他的外交藝術都是在挫折、失敗、阻撓和圍攻中學到的。失敗帶給人的啟迪和教訓往往比格言、學習建議和榜樣的作用更有效。哪些可以做，哪些不能做，這就是失敗教給我們的經驗，在外交領域，這是尤為重要的。

沒有面對失敗的勇氣，就無法有所建樹。只要勇氣沒有丟掉，失敗只會讓人變得更勇敢，成為鼓勵他繼續奮鬥的動力。在著名的演員中，有一個叫塔爾瑪的演員，他初次登台表演是在觀眾的嘲弄聲裡結束的。偉大的演講家中，有一個叫拉科代爾的人，他經歷無數次的失敗，在這之後，他才獲得無上的榮譽。

對於拉科代爾的第一次演講，蒙塔朗貝爾是這樣描述的，演講地點是在聖洛克教堂，他說：「這次演講完全失敗了。」走出教堂以後，人們都這樣說：「他可能是一個才華橫溢的人，但是他一定無法成為一個演講家。」可是在經歷無數次失敗之後，他終於獲得成功。在他初次演講失敗之後，過了短短的兩年時光，在巴黎聖母院，他再次向聽眾發表演說。在法國的巴黎聖母院，自從博須埃和馬西隆的時代過後，著名的演說家是很少在此發表演說的。

對於詹姆斯・格雷漢先生和迪斯雷利先生最開始時的失敗，人們也是報以嘲笑。可是他們依舊如故地辛勤訓練，終於在經歷多次的失敗之後，成為著名的演說家。在有段時光裡，詹姆斯・格雷漢深感絕望，想要放棄他的演說事業。他這樣對他的好友法蘭西斯・巴林說：「我為了提高我的即興演講水準，想盡各種方法，可是依然無法自然而從容地演講。這到底是怎麼回事？我覺得自己連成功的演說也無法做到，更不要提成為一個成功的演說家。」可是透過他不懈地刻苦努力，格雷漢也成為一個有很大影響力的議會演說家，變得如同迪斯雷利一樣優秀。

在某個方面失敗以後，具有遠見的人會找到其他的出路。在德文郡，普里多在競選馬格博羅教區執事失敗以後，他把全部精力投入到學習上，後來他成為伍斯特地區的主教。在為第一宗案件辯護失敗以後，布瓦洛律師受到人們的嘲笑。後來，他嘗試去做傳教士，不幸的是，依然以失敗告終。可是在這之後，他努力成為一位傑出的詩人。

在第一次案件的辯護中，古柏因為靦腆和膽怯也遭到失敗，可是在英國詩歌藝術領域，他卻取得非凡的成就。在律師職位上，孟德斯鳩和邊沁都沒有獲得成功，可是辭掉律師的工作以後，邊沁為後人留下一部關於立法程序的巨著。

在考取外科醫生的嘗試失敗以後，戈德史密斯寫了《廢棄的農村》和《韋克菲爾德的牧師》兩部著作。在演說領域，約瑟夫·艾迪生沒有成功，可是他寫出《羅傑·德·科弗利先生》，在《觀察家》雜誌上，也發表許多著名的論文。

成功是失敗累積而成的

在這個世界上，沒有什麼事情可以輕易完成，外界有利的環境只會產生輔助作用，個人的努力和困境的磨練才是決定成敗的關鍵。那些可以輕易獲得成功的美事，可能不會在生活中存在。生活最好的老師其實就是磨難，「吃一次虧，學一次乖」說的就是這個道理。英國著名政治家查理斯・詹姆士・福克斯經常說，那些在失敗中不放棄的人和事業上一帆風順的人相比，他對前者的期望更高。他說：「第一次就可以獲得演講成功的年輕人當然值得讚許，可是對於那些首戰失利但是敢於再次嘗試的年輕人，我會更欣賞。這樣的年輕人，我會給予有力的支持。我相信，他們與那些沒有遭受過失敗的人相比，會表現得更優秀。」

在成功中，我們獲得的東西不如在失敗以後得到的多，我們由失敗學會哪些事情是否可行。可能那些沒有失敗過的人，不會知道哪些事情可以做。在發現大浪把輪船推到距離水平面三十五英尺高的浪尖時，在抽氣泵的製作上取得失敗的人們，細心觀察失敗以後的提示，開始轉向研究關於大氣壓力的定律，由此也踏入一個嶄新的科學領域，在這項研究領域出現許多天才，其中就有伽利略、托里切利、波以耳等人。

約翰・亨特曾經說：「要是職業外科醫生不敢公布其臨床上的失敗案例，只對外展示其成功的例子，在臨床上，外科技術難以達到現在這樣的高度。」對於機械工程來說，工程師瓦特認為失敗的經歷是必不可少的。他說：「我們需要一本教科書，在它上面應該記載機械領域歷史上所有的失敗與錯誤。」在向公眾展示自己設計的靈巧的操縱器時，亨普里爵士感嘆地說：「我要感謝上帝，他沒有讓我成為一個靈巧的控制器，我經過許多失敗才獲得許多重要的發現。要是我太過靈巧，可能就難以發現什麼。」在自然科學領域，另一位聲名顯赫的學者說：「我發現只要我到了重大發現的關口，就會面對一些看似無法逾越的障礙。在困境中，往往會產生偉大的事物、偉大的發現、重要的發明、偉大的見解。它們是發現者在逆境中確立的，是這些人成熟考慮後的結果。」

在談到羅西尼時，貝多芬說：「他有成為一位傑出音樂家的天賦，要是他在小時候就可以踏上音樂的修行之路，現在一定可以獲得成功。可是成長在眾多的便利條件下，他被慣壞了。一個具有真本事的人，不會在意別人的惡評。可是對於那些逢迎之詞和友好的建議，人們應該報以警醒的擔憂。」首次的「以利亞」演奏，孟德爾頌大獲成功，讚譽聲四起。伯明罕交響樂團對他很看重，邀請他加入。他對一位評論家朋友笑著說：「不要說你是多麼認同我的作品，來批評我吧，告訴我，作品的哪些部分讓你覺得不好。」

歷史上的失敗據說要比成功多，這句話聽起來不無道理。華盛頓參與的戰役，輸多贏少，可是他取得最後的勝利。諾曼第人在戰爭開始時都是在輸，可是最後他們也取得傲人的勝利。對於莫勞，他朋友曾笑稱其是一面鼓，響的時候要比安靜的時候少，可是它的響聲會傳出很遠。威靈頓由於在磨難面前的鍛鍊，使他的軍事天才變得更完善。在逆境中，他經歷苦難的考驗，變得果敢堅毅，將軍的才能與男子漢的氣概也在逆境中得以淋漓盡致地表現出來。暴風雨的洗禮才會讓水手變得經驗豐富。他的勇氣、自立和嚴格的紀律性，都是在暴風雨中得以鑄就的。對於我們擁有強大的英國海軍這一點，我們應該感謝大海的寒冷與波濤對這支隊伍的鍛鍊，它讓這支隊伍變得無往而不勝。

成功是由無數失敗累積而成的，那些敢於去做卻失敗的人，比那些想做卻沒去做的人要強無數倍。

不要讓懈怠辜負夢想的實現

人類的科技進步來自於無數個發明。織襪機的發明者威廉・李，還有朱羅莎紡紗機的發明者約翰・希斯科特，這兩個有堅強毅力的機械工，也是著名的工業創始人。在諾丁漢及其附近，許多人因為他們的發明而獲得工作機會。對於紡織機的發明記載，到現在也沒有一個統一的說法，都是各執一詞，可是發明者叫威廉・李是大家公認的事實。

一五六三年，在一個距離諾丁漢幾公里的伍德保羅村，威廉・李呱呱落地了。他出生在一個殷實的家庭，也有人說他是一個居無定所的單身窮青年。一五七九年，他獲得劍橋大學的基督學院學費減免的資格，並且在那裡開始求學。之後，他轉入聖約翰學院，獲得一五八二—一五八三屆的學士學位。傳言在一五八六年，他獲得碩士學位，可是這在大學記錄上沒有記載。另一種說法是，他因為結婚違背校規，被學校開除學籍。可是這個說法也讓人懷疑，因為他那個時候還沒有成為研究生，就算是結婚也不會遭到這種處罰。

在諾丁漢附近的卡爾費頓，他任職副牧師期間，利用工作的閒置時間發明織襪機。人們認為，當時威廉喜歡村裡一位年輕女孩，可是對於威廉熱情的拜訪，她總是給予冷淡的對待，埋頭於自己的美術教學和織襪子工作。威廉也因此恨上織襪子，他下定決心，一定要造一台機器，用來代替人工織襪子。經過三年時間的不懈努力，他的織襪機也離成功不遠了。這個時候，他為了全心研究自己的發明，辭掉牧師的工作。關於織襪機發明者，亨森在他的書裡這樣寫道，在諾丁漢醫院，九十二歲的威廉•李走完自己的一生。他在安妮女王在位的時候，還是鎮上的一個學徒。在德林和布拉克納的文章裡則認為，是倫敦編織機公司發明織襪機。那個時候的織襪機只能靠人力來支撐，還沒有木頭的支架。

無論織襪機是誰發明的，對於發明人出眾的天賦，沒有人會懷疑。這個精密的機器，只有那些將畢生精力都用到學習和研究上的深居鄉村的學者才可以發明出來。這項發明把婦女們那煩瑣的工作簡化成迅捷的機械紡織，在人類機械發明的歷史上，這是無可比擬的智慧結晶。這項發明還有更深遠的意義。在當時很少有人去關心機械的發展，手工業也還在起步階段，李的發明在當時是一件極為有價值的壯舉。他是在沒有多少經驗參考，沒有精密設備幫助，沒有完備材料利用，沒有熟練工人幫忙的惡劣條件下開始研究的。傳言，他製造的第一台純木打造的機器沒有鉛錘，只有十二個格距片，針都是插在木頭上的。在研發織襪機的過程裡，如何形成針槽要用的針眼，這是最難解決的問題，他在最後想到用三角銼去打磨出針眼。經過三年的艱苦勞動，他努力解決迎面而來的難題，終於製造出第一台可以滿足需求的織襪機。對於自己的發明，李信心滿滿。在卡爾費頓村，他開始織襪生產的工作，這一做就是好幾個年頭。他的兄弟詹姆斯和其他幾個親戚都從他那裡學到這份技術。

李直到自己滿意時，才停止對織襪機的改進工作。他去了倫敦，為了獲得對織襪興趣有加的伊莉莎白女王的贊助，他決定在女王面前，展示自己的織襪機。最初，他向幾位官員展示自己的機器，其中還有威廉先生和亨廷頓先生，他的展示獲得成功。可是對於他的織襪機，伊莉莎白女王不僅不感興趣，還反對這個機器的發明與推廣。在她看來，許多以織襪為生的窮人會因為這個機器失去工作的機會。李的發明也沒有獲得別人的贊助，他認為自己的發明不會在英國受到尊重。

一六〇五年，他答應法國大臣蘇力的邀請，去法國的製造中心里昂，在那裡他進一步改良織襪機，並且教授那些工人生產和操作這個機器。他在里昂開始大規模生產襪子。用了九台機器晝夜不停地生產。可是厄運再次光顧李。那個給予他關照的國王亨利四世被拉瓦萊克的信徒謀殺了，他的事業也在失去權力的庇護後變得難以維繫。他去巴黎尋求自己合法權利的仲裁。對於他這個不是清教徒的外國人，法國人對其請求不理不睬。在歷經苦難和悲痛後，這位著名的發明家在窮困潦倒中死在巴黎。

在李離世以後，李的兄弟和七位專業工人帶著七台織襪機離開法國，還有兩台機器留在法國。回到諾丁漢以後，詹姆斯・李立刻就結識阿什頓的索拉頓磨坊主，並邀請他加入自己的團隊。李在去法國前，就教過阿什頓如何使用織襪機。在索拉頓，兩人加上那些技術人員一起用機器生產襪子，在隨後不久，他們取得不小的成功。他們生產襪子的地區緊鄰盛產羊毛的舍五德縣，所以原料充足，適合大批量生產。阿什頓在後來用鉛錘固定機架，這也讓織襪機變得更穩定。英國也逐漸普及織襪機，最後織襪產業也成為英國的一個重要工業分支。

讓織襪機可以大規模地紡織花邊，是最重要的改良行為之一。一七七七年，福羅斯特和豪爾姆斯這兩個專業工人，他們運用引進織襪改良技術，開始生產帶網眼的紡織物。這個技術提高生產效率，立刻在英國普及開來。三十年以後，英國擁有一千五百台網眼紡織機，也讓一萬五千多個工人擁有工作機會。可是後來，諾丁漢的花邊製造業因為戰爭、時代潮流的改變以及其他原因的影響，走入低谷。接著，約翰・希斯科特發明朱羅紡紗機，才讓花邊製造業走出低谷，並且為花邊製造業的振興打下堅實基礎。後來，約翰・希斯科特在選舉中勝出，成為狄福頓下議院的議員。

一個新的發明被創造出來到投入生產運用，都需要無數次的努力和堅持。如果你有夢想，請不要忘記堅持和努力，不要讓自己的懈怠辜負夢想的實現。

心學堂 39

內心真正強大的人

SELF-HELP

企劃執行	海鷹文化
作者	塞繆爾・斯邁爾斯
編譯	陳實
美術構成	騾賴耙工作室
封面設計	九角文化/設計
發行人	羅清維
企劃執行	張緯倫、林義傑
責任行政	陳淑貞
企劃出版	海鷹文化
出版登記	行政院新聞局局版北市業字第780號
發行部	台北市信義區林口街54-4號1樓
電話	02-2727-3008
傳真	02-2727-0603
E-mail	seadove.book@msa.hinet.net
總經銷	知遠文化事業有限公司
地址	新北市深坑區北深路三段155巷25號5樓
電話	02-2664-8800
傳真	02-2664-8801
香港總經銷	和平圖書有限公司
地址	香港柴灣嘉業街12號百樂門大廈17樓
電話	（852）2804-6687
傳真	（852）2804-6409
CVS總代理	美璟文化有限公司
電話	02-2723-9968
E-mail	net@uth.com.tw
出版日期	2025年07月01日　二版一刷
定價	320元
郵政劃撥	18989626　戶名：海鴿文化出版圖書有限公司

國家圖書館出版品預行編目（CIP）資料

內心真正強大的人 ／ 塞繆爾・斯邁爾斯作 ； 陳實編譯.
-- 二版. -- 臺北市 ： 海鴿文化，2025.07
面 ； 公分. --（心學堂；39）
ISBN 978-986-392-567-5（平裝）

1. 自我實現　2. 成功法

177.2　　114007458